ABC
des Gemüsegartens

Rosenn Le Page, Gérard Meudec

ABC des Gemüsegartens

Richtig säen, pikieren, pflanzen und ernten

Mit Illustrationen von
Joël Bordier

GONDROM

Titel der französischen Originalausgabe: L'abc du potager

Übersetzung: Ulla Schuler, Frankfurt

Bearbeitung und Redaktion: Christine Weidenweber, Weibersbrunn
Satz dieser Ausgabe: Simone Redlich
Layout: Hugues Cornière, Graphic Garage
Covergestaltung: Kraft & Partner, Leimen
Coverfoto: Kraft & Partner, Leimen
Coverillustrationen: Joël Bordier

Wichtiger Hinweis:
Die Ratschläge in diesem Buch sind vom Verlag sorgfältig erwogen und geprüft, dennoch kann eine Garantie nicht übernommen werden. Eine Haftung des Verlages und seiner Beauftragten für Personen-, Sach- und Vermögensschäden ist ausgeschlossen.

ISBN 3-8112-2465-4

5 4 3 2 1

Inhaltsverzeichnis

Vorwort

Immer mehr Hobbygärtner entdecken wieder die genießerische Freude, zu beobachten, wie in ihrem Garten die Tomaten reifen. Doch wo ist der Großvater, der Vater oder der erfahrene Gärtner, der wie früher sein Wissen an die Nachkommen weitergeben könnte?

Dieses Buch möchte allen Interessierten die Tipps geben, die den Anbau von Gemüse leicht machen.

Da jedes Gemüse einzigartig ist, wird es jeweils in einem eigenen Porträt abgehandelt, wobei das Vorgehen Schritt für Schritt in Bild und Text dargestellt wird: Wann gesät und gepflanzt, zu welcher Jahreszeit geerntet wird, die geeigneten Sorten ... Und damit Sie nicht in einer für den Neuling unverständlichen Fachsprache ertrinken, sind Fachbegriffe wo nötig erklärt.

Ein Gemüsegarten besteht nicht einfach aus aneinander gereihten Pflanzen; deshalb erklären wir Ihnen, wie Sie ihn planen, anlegen, pflegen und die zueinander passenden Arten anordnen, damit er Ihnen Jahr für Jahr sein Bestes gibt und Sie köstliche und reiche Ernte halten können.

Entdecken Sie erstmals oder erneut die Freude, schöne und leckere Gemüse und Gewürzkräuter wachsen zu sehen und sie frisch geerntet zu genießen oder zu verschenken.

Einleitung

Wie viel Platz braucht Gemüse?

Sie müssen sich nicht sofort auf einen endgültigen Platz für den Anbau von Gemüse, also einen richtigen Gemüsegarten, festlegen. Versuchen Sie zunächst, ein paar Gemüse zwischen Ihre bereits vorhandenen Blumenbeete zu pflanzen. Außer Gewürzkräutern, die heute oft in Blumenrabatten wachsen, können dort auch einige recht dekorative Gemüse gepflanzt werden, die keineswegs stören. Manche Mangoldsorten mit farbigen Blättern oder Stielen, rote oder gelbe Tomaten bilden einen hübschen Rahmen für Ihre Blumen. Die Erdbeerpflanzen mit ihren rosafarbenen Blüten machen sich gut als Umfassung von Beeten. Ein riesiger Kürbis passt zu herbstlichen Astern und Margeriten, wenn der Sommer zu Ende geht. Achten Sie aber darauf, dass sie in Reichweite stehen, damit Sie beim Ernten keine akrobatischen Verrenkungen machen müssen!

Wenn Sie Ihre Familie einen Teil des Jahres mit eigenem Gemüse versorgen wollen und größere Mengen benötigen, lohnt sich jedoch ein richtiger Gemüsegarten. Aber Vorsicht: Planen Sie die Fläche genau nach Ihren Bedürfnissen und der zur Verfügung stehenden Zeit, sonst wird die Gartenarbeit schnell zur Last. Die Hauptarbeitszeit und die Pflege Ihres Gemüsegartens fällt in zwei längere Zeitabschnitte:

- **ins Frühjahr** mit der Zeit der Bodenvorbereitung und des Säens im März/April und der Pflanzzeit im Mai/Juni;
- **in den Herbst**, wenn im Oktober-November die restliche Ernte eingebracht und der Boden bearbeitet wird.

Ernten und Bewässern finden hauptsächlich im Sommer statt.

Die passenden Abmessungen für Ihre Bedürfnisse

Ihren Gemüsegarten können Sie sehr gut auf einer Fläche von etwa **80–100 m²** anlegen. Ein größerer Garten ist schwerer zu bewirtschaften, wenn Sie ihn nicht regelmäßig aufsuchen können. Bei dieser Größe können Sie bereits eine ganze Reihe verschiedener Arten anbauen und übers ganze Jahr verteilt ernten, sogar noch im Winter. An Arbeitszeit fallen für den Gemüsegarten je nach Gemüseart etwa 30 Minuten/m² im Jahr an.

Ist ein eigener Gemüsegarten schon immer Ihr Traum gewesen und lässt es Ihre Zeit zu, dann benötigen Sie zur ausreichenden Versorgung mit Gemüse für eine vierköpfige

Der Wunsch, gesund zu essen, sein eigenes Gemüse zu ernten, in den Kindern den Spaß an der Gartenarbeit zu wecken ... Da stehen Sie also mit Ihrer Lust, im eigenen Garten Gemüse zu ziehen: Krempeln Sie die Ärmel hoch und stürzen Sie sich ins Vergnügen!

Sicher werden Sie nicht gleich zum Selbstversorger werden. Am Anfang sollen Sie vor allem Spaß haben: am Säen und am Pflanzen und daran zu beobachten, wie Ihr Gemüse wächst, gedeiht und Sie es schließlich ernten und verzehren können.

Familie pro Person eine Anbaufläche von 50 m^2, d.h. insgesamt **200 m^2**. Rechnen Sie für die Pflege mindestens einen halben Tag pro Woche in der Zeit von März bis Juni und etwas mehr als ein Wochenende im Herbst. Falls Sie Ihre Familie praktisch das ganze Jahr über mit Produkten Ihres Gartens ernähren und außerdem einen Vorrat an Eingemachtem und Konfitüren herstellen wollen, benötigen Sie ungefähr 80 m^2 pro Person, das sind für einen Vier-Personen-Haushalt etwa **350 m^2**. Bedenken Sie jedoch, dass Sie dafür viel Zeit und Mut brauchen! Sie müssen dann nämlich für Ihren Gemüsegarten von März bis Juni einen vollen Tag in der Woche und im Herbst 2 oder 3 Wochenenden opfern.

Welcher Standort eignet sich?

Gemüse gedeiht am besten auf einer freien, sonnigen Fläche. Diese sollte möglichst eben sein, damit Regen- und Gießwasser dort bleiben, wo sie erwünscht sind, nämlich beim Gemüse. Bäume sollten allenfalls am Rand und möglichst an der Südseite stehen, damit ihr Schatten das Wachstum der Pflanzen nicht beeinträchtigt.

Was ist mit der Umweltbelastung?

Darüber müssen Sie sich Gedanken machen, wenn es um einen Garten im Stadtgebiet geht. Legen Sie den Gemüsegarten, wenn irgend möglich, hinter dem Haus abseits der Straße an, um ihn vor belastenden Stäuben zu schützen. Falls das nicht möglich ist, pflanzen Sie zwischen Ihrem Garten und der Verkehrsstraße eine dichte Hecke; sie sollte sehr dicht und recht hoch (etwa 2 m) sein.

Auch auf dem Land ist der Garten nicht vor Umweltverschmutzung geschützt. Wenn ringsum bebaute Ackerflächen liegen, können Pflanzenschutzmittel und Dünger leicht herübergeweht werden. Dies können Sie reduzieren, indem Sie gegen die Hauptwindrichtung am Rand Ihres Gartens eine dichte Hecke pflanzen.

Dürfen Sie überhaupt einen Gemüsegarten anlegen?

Sie finden diese Frage merkwürdig? In Neubaugebieten gibt es teilweise sehr strenge Regelungen, die festlegen, was Sie in Ihrem Garten anpflanzen dürfen. Es kann deshalb sein, dass Sie ausschließlich Zierpflanzen anbauen dürfen. Mit ein paar Tomatenstöcken werden Sie sich wohl kaum den Zorn Ihrer Nachbarn zuziehen. Allerdings sollten Sie Ihren Vertrag nochmals genau durchlesen und die Meinung der Miteigentümer einholen, bevor Sie Ihr ganzes Grundstück in einen Gemüsegarten verwandeln.

Gemüse brauchen **Wasser**. Das Bewässern, das im Frühjahr und im Sommer unerlässlich ist, wird erleichtert, wenn Sie den Garten nahe bei einer Wasserstelle anlegen. Falls dies nicht möglich ist, brauchen Sie einen genügend langen Gartenschlauch, mit dem Sie bis in die Ecken des Gartens gelangen können.

Der richtige Boden

Zwar können Sie den vorhandenen Boden nicht austauschen, aber wenn Sie ihn kennen, können Sie die Pflanzen anbauen, die am besten in ihm gedeihen.

So stellen Sie fest, ob Sie schweren oder leichten Boden haben: Klebt die Scholle an den Gartengeräten und verwandelt sich das Gelände bei Regen in Schlamm, dann haben Sie **schweren** Boden. Dieser erwärmt sich im Frühjahr nur langsam und wird bei sommerlicher Trockenheit sehr hart. Er ist aber sehr **fruchtbar**, weil er Wasser und

Nährstoffe gut zurückhält. Zur Verbesserung können Sie in den Oberboden Sand einarbeiten und/oder verrotteten Kompost und mit gut verrottetem Stallmist düngen.

Falls Sie dagegen **leichten** Boden haben, ist die Erde leicht umzubrechen. Wasser wird rasch aufgenommen, jedoch leiden die Pflanzen im Sommer unter Trockenheit. Hier schaffen Sie mit 150g/m^2 Tonmehl ein besseres Wasserhaltevermögen, genauso wie mit dem Ausbringen von Kompost. Vor zu rascher Austrocknung schützt eine Mulchdecke.

Bestimmen Sie den **Säuregrad** Ihrer Gartenerde mithilfe von Test-Kits, die in Gärtnereien erhältlich sind, denn manche Arten gedeihen schlecht in saurem Boden.

Das Anlegen des Gemüsegartens

Ein Gemüsegarten muss zweckmäßig angelegt sein, da Sie praktisch zu jeder Jahreszeit darin wirtschaften werden, um zu säen, zu pflanzen, zu pflegen und zu ernten. Er sollte also bequem zugänglich sein.

Sobald der allgemeine Umriss und die Größe feststehen, **bereiten Sie Ihren Gemüsegarten vor**, bei schweren Böden im Herbst, bei leichten Böden zu Beginn des Frühjahrs.

Zuerst graben Sie die für Gemüse vorgesehene Fläche tief um, entfernen vorhandene Steine, Unkraut und Wurzelstöcke. Arbeiten Sie in parallelen Reihen, quer zur Längsrichtung der Bebauungsfläche: Sie kommen dann schneller ans Ende einer Reihe, was nicht so entmutigend ist. Stechen Sie den Spaten vertikal mit der gesamten Metallfläche ein, heben Sie die Scholle, indem Sie den Griff wie einen Hebel bewegen, und geben Sie mit einer Drehung des Spatenblatts die Erde in das Loch zurück. Arbeiten Sie nach rückwärts weiter, damit Sie den umgegrabenen Teil nicht festtreten **(Zeichnung 1)**.

Sie können auch die Erde der ersten Reihe auf einen Schubkarren schmeißen, sodass eine Furche entsteht. Werfen Sie dann die Schollen der zweiten Reihe, ohne sie zu heben, mit einer Drehung des Spatenblatts in die Furche. Arbeiten Sie sich so bis zur letzten Reihe vor, die Sie dann mit der Erde aus dem Schubkarren füllen. Dieses Vorgehen **(Zeichnung 2)**, bei dem die Schollen nicht gehoben werden, ist zweckmäßig bei schwerer Erde. Ist die umzugrabende Fläche über 250 m^2 groß, mieten Sie sich am besten eine Motorfräse. Das ist für den Anfang nicht nur billiger, Sie können auf diese Weise auch testen, welches Gerät für Ihre Anbaufläche am besten geeignet ist.

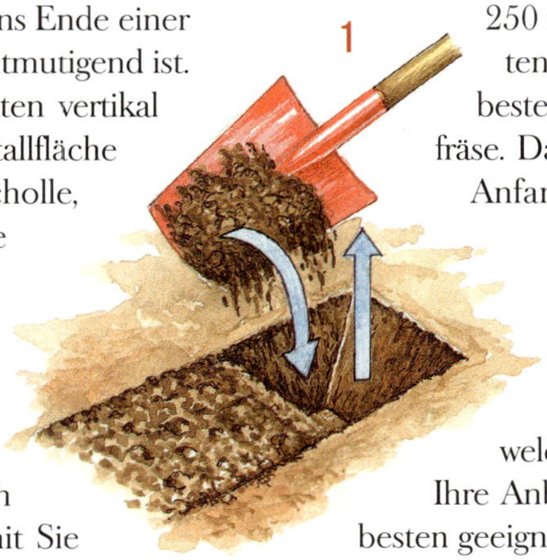

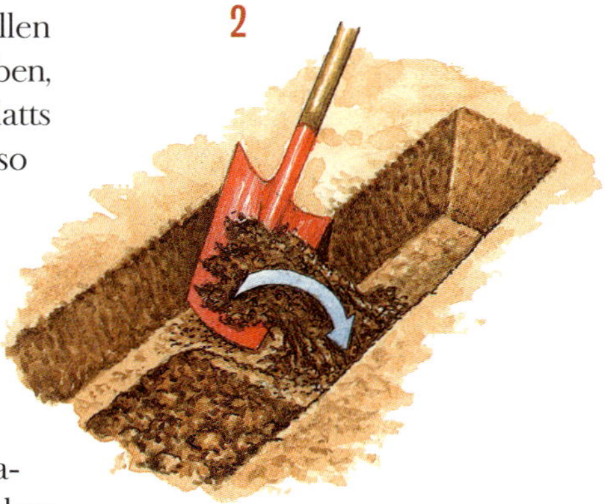

rangieren können. Damit das Gras sich nicht zwischen Ihrem Kohl ausbreiten kann, sind freie Ränder unentbehrlich. Außerdem müssen die Anbauflächen 5–6 cm höher liegen als die Gartenwege. Wenn Sie in einer niederschlagsreichen Gegend wohnen, besteht die Gefahr, dass Sie vor allem bei den Arbeiten im Herbst im Matsch stecken bleiben, weil der Rasen sich mit Wasser vollsaugt. Hier sind Platten die bessere Wahl, dann laufen Sie das ganze Jahr über auf dem Trocknen.

Bei einem großen Garten lohnen sich auch Nebenwege, die etwa 50–75 cm breit sein sollten. Eine Beetbreite von 1,20 m hat sich über viele Gärtnergenerationen bewährt. Dazwischen sollte jeweils ein 30 cm breiter Pfad verlaufen. Diese Pfade werden im Frühjahr neu und an anderer Stelle angelegt, je nachdem, welche Gemüse Sie pflanzen wollen. Decken Sie die Pfade mit Stroh, Flachshäcksel oder anderem geeigneten Mulch ab, um das Unkrautwachstum zu unterdrücken.

Gartenwege anlegen

Zeichnen Sie in Ihren Gartenplan die erforderlichen Wege ein. Die Hauptwege sollten möglichst gerade sein und müssen sicherstellen, dass Sie mit allen für die Bewirtschaftung Ihres Gartens nötigen Gerätschaften (z.B. Schubkarren) problemlos überall hinkommen. Empfehlenswert ist eine Wegbreite von 80 cm, für größere Geräte bis 1 m. Ideal sind ein **Hauptweg in der Mitte** und ein **Weg am Rand**, sodass die gesamte Fläche mit den Gartengeräten erreicht werden kann (zum Harken, Rechen, Jäten ...).

Als Naturfreund möchten Sie vielleicht begrünte Gartenwege anlegen; diese müssen so breit sein, dass Sie ungehindert mit dem Rasenmäher

Vorbereiten der Beete

Beim Anlegen des Gemüsegartens sollten Sie vorab die **gesamte Anbaufläche düngen**. Rechnen Sie je 10 m² Fläche ungefähr 1–2 Schubkarren voll Kompost oder gut verrotteten Stallmist, oder verwenden Sie einen Spezialdünger für Gemüse, wobei Sie die Dosierempfehlungen auf der Packung genau befolgen müssen. Verteilen Sie den Dünger gleichmäßig auf der Anbaufläche und arbeiten Sie ihn mit einer **Hacke**, einem **Karst** oder einem **Rechen** sorgfältig ein.

Führen Sie diese Arbeiten im **Herbst** durch. Dann wird der Frost im Winter zusammen mit dem Dünger den Boden auf natürliche Weise

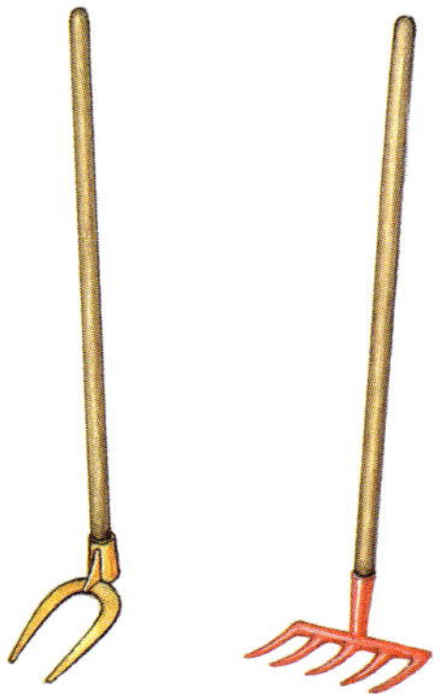

verbessern. Im folgenden Frühjahr genügt eine Bodenbearbeitung mit Sauzahn, Kultivator oder Grubber. Zum Schluss glätten Sie die Oberfläche mit einem Rechen.

Bei einer Anlage im Frühjahr werden alle Arbeiten nacheinander durchgeführt. Verwenden Sie jetzt unbedingt sehr reifen Kompost oder Stallmist.

Der Komposthaufen – die „Recycling"-Anlage

Der Gemüsegarten benötigt regelmäßige Gaben organischer Stoffe, die bei der Zersetzung pflanzlichen und tierischen Materials entstehen. Richten Sie deshalb nahe beim Gemüsegarten einen Komposthaufen ein, in dem Sie sämtliche anfallenden Gartenabfälle recyceln können.

Hierzu müssen Sie zunächst in einer Ecke des Gartens eine Fläche von 2 m^2 freilegen. Entfernen Sie sorgfältig alles Unkraut und klopfen Sie die Erde fest. Auf 1 m^2 installieren Sie jetzt die Anlage, die den Abfallhaufen aufnehmen soll: Verschlag aus Holzlatten, Plastikfolie zum Schattieren, im Handel erhältliche Kompostierer-Bausätze … Die Höhe von 1 m sollte nicht überschritten werden. Den Boden der Anlage bedecken Sie mit ein paar stark verzweigten Ästen, darauf kommen abwechselnd Ihre Abfälle und Lagen feinkörniger Erde, um die Verrottung zu fördern.

Merke: Der Komposthaufen ist keine Müllkippe! Nur Abfälle, die frei von Krankheiten sind, kommen auf den Kompost, alle anderen werden verbrannt, bevor ihre Asche dort landet, und vor allem keine tierischen Abfälle. Äste werden zerkleinert, bevor Sie sie in den Kompost geben.

Halten Sie den Komposthaufen bei trockenem Wetter feucht (einmal in der Woche 10 l Wasser) und schichten Sie ihn ein- bis zweimal im Jahr auf den zweiten Quadratmeter frei gehaltener Fläche um.

Jeweils einmal im Juli und im August geben Sie Brennesseljauche oder einen Kompostaktivator in das Gießwasser, um die Verrottung zu beschleunigen. In 8–10 Monaten ist der Kompost meistens gebrauchsfertig: Er gleicht feinkrümeliger Erde, ist dunkelbraun und darf keinen der Ausgangsstoffe mehr enthalten.

Was gehört in den Kompost?

- Reste vom Gemüseanbau im Garten (direkt oder je nach Gesundheitszustand in Form von Asche);
- Unkraut vor der Blüte, mit Ausnahme von Winde, Quecke, Karde, Ranunkel;
- Schalen von Gartenfrüchten und -gemüsen;
- Grasschnitt, sofern der Rasen im Lauf des Jahres nicht mit einem selektiven Unkrautvernichtungsmittel behandelt wurde;
- abgestorbenes Laub;
- Schnittabfälle (zerkleinert oder als Asche).

Das Anzuchtbeet: Kinderstube für Sämlinge

Ein Anzuchtbeet ist besonders für **empfindliche Sämlinge** geeignet, für Samenkörner, die zum Keimen besondere Bedingungen brauchen: mehr Wärme, feinere und feuchtere Erde, mehr Schatten und mehr Kühle ...

Suchen Sie einen Platz, der im Sommer Schatten hat und sehr geschützt ist, etwa am Fuß einer Mauer in Richtung Osten, nicht unbedingt im Gemüsegarten, aber doch hinreichend nahe, denn die jungen Sämlinge brauchen ausgiebige Pflege. Trennen Sie einen 1 m breiten und 2–3 m langen Bereich ab, graben Sie den Boden tief um und entfernen Sie alles Unkraut, Steine und Wurzeln. Unter die vorhandene Erde wird zu gleichen Teilen Sand und Komposterde gemischt. Verfeinern Sie die Erde sorgfältig, denn je feiner sie ist, desto besser ist der Kontakt zwischen den Erdkrumen und dem Samen und das fördert den Keimprozess beträchtlich.

Nach der Aussaat muss das Beet regelmäßig von Unkraut befreit werden. Gießen Sie es vorsichtig (mit feiner Brause), um günstige Bedingungen für das Aufgehen der Saat zu schaffen; lockern Sie nach dem Aufgang ab und zu die Erde zwischen den Reihen.

Die Pflege des Gemüsegartens

Die Düngung

Die Gemüsearten verbrauchen jährlich einen großen Teil der im Boden vorhandenen Nährstoffe. Deshalb sind alljährliche **Düngergaben** unbedingt erforderlich, um die Reserven wieder aufzufüllen und reiche Ernten zu erzielen.

Es gibt zwei große Düngerfamilien: **organische Düngemittel** (aus der Verrottung natürlicher Stoffe) und **mineralische Düngemittel** (Kunstdünger). Für welche Art der Düngung Sie sich entscheiden, ist Einstellungssache, denn richtig angewandt, nützen beide Ihrem Gemüse. Im Übermaß angewandt, können beide allerdings nicht nur für die Pflanzen, sondern auch für das Grundwasser schädlich sein.

Düngemittel führen den Pflanzen hauptsächlich drei Nährstoffe zu:

– **Stickstoff** (chemisches Symbol: **N**) fördert das rasche Wachstum von Stängeln und Blättern. Stickstoffreicher Dünger ist günstig für Blattgemüse, z.B. Kohl, verschiedene Salate, Sauerampfer. Da er sehr gut wasserlöslich ist, verbreitet er sich rasch im Boden. Zu viel davon schwächt jedoch die Pflanzen, die zu stark wachsen und anfällig für Krankheiten und Schädlinge werden. Hornspäne, Guano und Brennnesseljauche haben einen hohen Stickstoffanteil.

– **Phosphor (P)** fördert das Blüten- und Fruchtwachstum.
Dieses Element ist schwer wasserlöslich. Es bleibt im Boden und ist weitgehend vor Auswaschung

Nützliche Gartengeräte

● *Spaten und Grabegabel zum Umbrechen des Bodens im Herbst.*

● *Karst zur Bearbeitung besonders harter, verkarsteter Böden.*

● *Doppelhacke oder Jäthacke zum Jäten von Unkraut (besonders praktisch für Jungpflanzen).*

● *Gartenhacke zum Aufbrechen der Erdkruste an der Oberfläche, damit Regen- oder Gießwasser leichter eindringen kann.*

● *Konisches Setzholz zum Umpflanzen junger Setzlinge.*

● *Pflanzkelle zum Ausheben kleinerer Pflanzlöcher oder zum Schaufeln kleinerer Mengen Erde.*

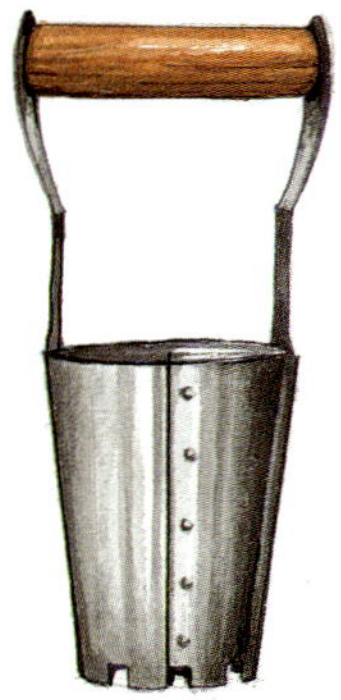

● *Blumenzwiebelpflanzer erleichtert das Setzen von Blumenzwiebeln.*

● *Gießkanne mit feiner Brause für die Jungpflanzen im Anzuchtbeet.*

● *Gartenschlauch.*

● *Erntekorb.*

● *Schubkarren zum Transportieren von Abfall, Kompost…*

● *Gartenschere.*

● *Blumenspritze zur Krankheits- und Schädlingsbekämpfung.*

Die Fruchtfolge: warum und wie?

Um die Fruchtbarkeit des Gemüsegartens zu erhalten, sollten Sie nicht jedes Jahr die gleichen Gemüse an der gleichen Stelle anbauen, sondern ein rotierendes System einführen.

Teilen Sie die Anbaufläche grob in drei Teile auf:

– Dem ersten Teil geben Sie im Herbst eine ordentliche Menge Kompost oder Mist (etwa 2 Schubkarren voll je 10 m²). Im folgenden Frühjahr pflanzen Sie hier die anspruchsvollsten Gemüse (Starkzehrer): z.B. Tomaten, Zucchini, Kürbis, Aubergine, Kohlgemüse.

– Auf der zweiten Teilfläche pflanzen Sie weniger anspruchsvolle Gemüse (Mittelzehrer) wie Karotten, Fenchel, Rote Bete, Kohlrabi, Spinat. Im ersten Jahr der Bewirtschaftung Ihres Gemüsegartens geben Sie in diesem Teil 1 Schubkarre Kompost auf 10 m².

– Die dritte Teilfläche ist den genügsamen Gemüsearten (Schwachzehrer) vorbehalten, z.B. den Leguminosen – Erbsen, Bohnen, Saubohnen – Radieschen, Salat.

Im folgenden Jahr düngen Sie die Anbaufläche, auf der die genügsamen Gemüse wuchsen. Die weniger anspruchsvollen werden auf den Teil gepflanzt, der im Vorjahr für die anspruchsvollen Gemüse reserviert war. Und so rotieren Sie jedes Jahr.

geschützt. Vor allem Asche und Guano enthalten Phophor.

– **Kalium (K)** ist unerlässlich für das Gedeihen der Früchte und Samen. Früchte und Samen bildende Gemüse, sind stark kaliumbedürftig, z.B. Tomaten, Auberginen, Kürbisse und Zucchini. Die Asche von Grünpflanzen (Überreste von verbrannten Gartenabfällen) ist ein wertvoller Kaliumlieferant.

Der Gehalt dieser drei Elemente muss auf den Verpackungen der mineralischen Dünger in folgender Reihenfolge angegeben sein: Stickstoff, Phosphor, Kalium. Für spezielle Pflanzengruppen werden mittlerweile organische sowie mineralische Volldünger angeboten, die bereits alle wichtigen Nährstoffe enthalten.

– **Eine dauerhafte Verbesserung** aller Gemüse wird durch die Anwendung von Depot-Volldünger erreicht, der die drei Elemente in ausgewogenen Mengen enthält und diese nach und nach freisetzt. Dieser Dünger wird im Herbst in den Boden eingearbeitet.

– Im Frühjahr empfiehlt sich eine auf das Gemüse abgestimmte **Einzelgabe von schnell löslichem Dünger**, der sofort von den Wurzeln aufgenommen wird. Die Zusammensetzung entspricht den Bedürfnissen der angebauten Gemüsearten: z.B. stickstoffbetont für Salat, kaliumbetont für Tomaten.

Die Vorzüge des Gründüngers

Als Gründünger bezeichnet man Pflanzen, die zum Anreichern des Bodens mit Nährstoffen, zur Bodenlockerung und zur Unterdrückung des Unkrautwachstums auf vegetationsfreien Flächen ausgesät werden. Entweder arbeitet man diese Pflanzen nach einigen Wochen wieder in den Boden ein oder man lässt sie über Winter abfrieren. Im darauf folgenden Frühjahr wird die Pflanzenmasse falls nötig zerkleinert und ebenfalls mit dem Boden vermischt. Die pflanzlichen Stoffe verrotten und düngen so Ihre Gemüsefläche.

Im Übrigen bewirken manche Gründünger wie Rüben, Raps oder Senf eine gründliche Durchlüftung des Bodens durch ihre in die Tiefe wachsenden, stark verzweigten Wurzeln.

Andere Gründüngungspflanzen wie Lupinen, Weißer oder Roter Klee, Wicken oder Luzernen können den im Boden vorhandenen Luftstickstoff binden, der bei der Verrottung wieder freigesetzt wird und das Wachstum von Blättern und Stängeln fördert.

Das Land bestellen

Sie haben zwei Möglichkeiten: säen oder pflanzen. Wie Sie sich entscheiden, hängt ab von der Gemüseart, Ihrer Zeit und der verfügbaren Anbaufläche. Viele Gemüsearten können sowohl gesät als auch direkt gepflanzt werden (siehe Tabelle Seite 229).

Allerdings ist die Auswahl an Gemüsesetzlingen häufig geringer als bei Samen, die außerdem günstiger sind. Dafür erfordern sie eine frühere Anzucht in Töpfchen oder Pflanzschalen im Haus sowie sorgfältige und regelmäßige Pflege, bis die ersten Blätter erscheinen, was manchmal drei Wochen dauert (z.B. bei Sellerie oder Petersilie).

Junge Setzlinge werden direkt im Gemüsegarten ausgepflanzt.

Aussaat

Je nach Art werden Gemüse im Garten direkt an Ort und Stelle gesät, in das Anzuchtbeet oder in spezielle Anzuchttöpfe bzw. Aussaatschalen, wenn sie reichlich Wärme brauchen, um zu keimen. Arten, die das Umpflanzen schlecht vertragen, also eine Pfahlwurzel bildende Gemüse (z.B. Rote Bete, Sellerie, Steckrübe, Karotte, Rettich), müssen **am vorgesehenen Standort** ausgesät werden. Für die Aussaat im **Anzuchtbeet** eignen sich am besten nicht ganz so kälteempfindliche Gemüse, deren Bewurzelung durch ein Umpflanzen gefördert wird: Kohl, Lauch … Im **Anzuchttopf** im Haus müssen alle kälteempfindlichen Gemüse ausgesät werden: Tomate, Aubergine, Kürbis, Peperoni, Paprika … Für winzige Samenkörner (z.B. Tomate, Peperoni, Paprika, Aubergine) nehmen Sie am besten **Pflanzschalen**, größere Samen (z.B. Kürbis, Zucchini, Melone) können gleich in **Anzuchttöpfe** (3–5 Samen je Topf) gelegt werden.

Für eine erfolgreiche Keimung sind enger Kontakt zwischen Boden und Samenkorn, viel Feuchtigkeit, Wärme sowie eine gleichmäßige Verteilung des Samens erforderlich. Bei der Direktsaat im Gemüsegarten ist das Säen in einer geraden Furche am einfachsten. Hilfreich ist dabei eine **Handsämaschine**. Das ist ein kleiner Plastikbehälter mit einer Tülle, deren Öffnung sich entsprechend der Größe des Samenkorns regulieren lässt.

Große Samenkörner (z.B. Bohnen, Erbsen, Saubohnen) kann man einfach in Gruppen von 3–4 in vorbereitete Löcher mit gleichem Abstand legen.

Das **breitwürfige Säen** ist ideal für die oberflächliche Aussaat feiner Samen. Mit den Samen in der hohlen Hand beschreiben Sie aus dem Handgelenk einen halbkreisförmigen Bogen über der Anbaufläche

Handsämaschine

Geballte Informationen

Auf den Samentütchen gibt es einige nützliche Hinweise über das jeweilige Gemüse: Name und Abbildung der Art bzw. Sorte, Aussaatzeitpunkt, Anleitung zum Säen und Erntezeitpunkt. Das Mindestverwendbarkeitsdatum bezieht sich auf die ungeöffnete Packung. Nach dem Öffnen hängt die Keimfähigkeit unter anderem davon ab, wie Sie die Samen aufbewahren. Am besten verwahren Sie sie in dicht schließenden Behältnissen, in die Sie ein paar Deckel von Brausetablettenröhrchen legen: Ihre wasserbindenden Eigenschaften gewährleisten, dass die Samen trocken liegen, eine Voraussetzung für die Keimruhe.

Wenn Sie die Preise der einzelnen Marken miteinander vergleichen, berücksichtigen Sie die Zahl der Samenkörner oder ihr Gewicht je Samentütchen. Einige dieser Informationen müssen auf der Packung stehen. Die Preisunterschiede für dieselbe Menge der gleichen Sorte können gewaltig sein. Tatsächlich sind neuere Sorten häufig teurer, aber sie sind auch ergiebiger und mitunter viel weniger anfällig gegen Krankheitserreger.

Saatpille oder Saatband?

Manche schwer keimenden Arten werden einer speziellen Behandlung unterzogen, damit sie besser keimen. Die Samen sind von einer wachstumsfördernden Schicht umhüllt, die die jungen Pflanzen zusätzlich vor Krankheitserregern und Parasiten schützt, die im Boden lauern.

Die handelsüblichen Saatbänder oder -matten sorgen für einen idealen Abstand zwischen den Samenkörnern.

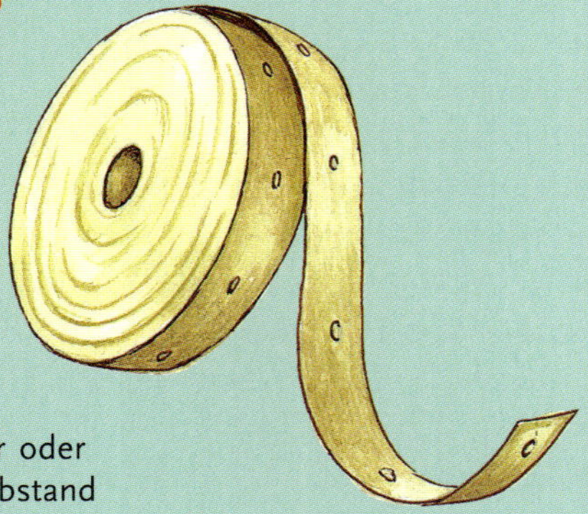

Breitwürfiges Säen

und verstreuen dabei gleichmäßig die Samen. Die Breitwurftechnik wird am häufigsten angewandt: im Anzuchtbeet, in der Pflanzschale oder im Frühbeet.

Das Umtopfen

Das Umtopfen, auch Pikieren genannt, geschieht, nachdem die Samen aufgegangen sind und sich je nach Art 3–5 Blätter (außer den Keimblättern) gebildet haben. Dazu werden die jungen Pflanzen vorsichtig mit einem Holzstäbchen oder Spatel so herausgehoben, dass möglichst viel Erde an den Wurzeln hängen bleibt. Das Einpflanzen in einen größeren Topf, ins Anzuchtbeet oder Frühbeet muss sofort danach geschehen, damit die jungen Wurzeln nicht austrocknen.

Das Auspflanzen

Die in Töpfen vorgezogenen jungen Pflanzen oder aber in der Gärtnerei erworbenen Setzlinge werden, je nach Art, vorwiegend im Frühjahr ins Freiland ausgepflanzt.

Damit das Pflanzen gelingt, muss der Wurzelballen der jungen Pflanzen gut nass sein: Am besten legen Sie ihn vor dem Einpflanzen für ein paar Minuten in einen Behälter mit Wasser. Auch die frisch gesetzten jungen Pflanzen müssen regelmäßig

Jungpflanze im Plastikanzuchttopf

Jungpflanze im Anzuchttopf aus gepresster Erde

mit Wasser versorgt werden: Ihre Wurzeln haben noch nicht richig Fuß gefasst, weshalb in den ersten Tagen eine ausreichende Wasserversorgung nicht gesichert ist. Pflanzen Sie im Frühjahr bei milderen Temperaturen in der Mittagszeit. Im Sommer ist die beste Pflanzzeit am Morgen oder Abend, wenn es noch kühl ist.

Das Jäten

Konkurrenz für Ihr Gemüse gibt es vor allem durch Unkräuter, die den Pflanzen Wasser und Nährstoffe entziehen.

Je früher Sie deshalb das Unkraut entfernen, umso besser. Sobald das Gemüse im Frühjahr gesät oder gepflanzt ist, sollte die Unkrautbekämpfung beginnen. Harken Sie regelmäßig zwischen den Gemüsereihen: So wird neben der Unkrautbekämpfung die feste Erdoberfläche gelockert und die Wasserdurchlässigkeit verbessert.

Lassen Sie das Unkraut auf keinen Fall bis zur Blüte gedeihen; dann nämlich bilden sich unzählige Samen, die keimen und Ihre Gemüsereihen regelrecht überwuchern können.

Das Gießen

Der Wasserbedarf von Gemüse ist je nach Entwicklungsstadium recht verschieden. **Zum Keimen** der Samen muss der Boden ständig feucht sein. Gießen Sie sehr vorsichtig, damit die Lage der Samen nicht verändert wird. Benutzen Sie für das fast täglich erforderliche Bewässern der Sämlinge eine Gießkanne mit feiner Brause oder eine Sprühlanze mit Brause. Damit im Sommer keine Wasserverluste durch Verdunstung auftreten, sollten die Sämlinge im Anzuchtbeet etwas schattiert werden.

Wenn die jungen Blätter erscheinen, gießen Sie weiterhin mit Brause, denn die Pflänzchen sind empfindlich. Lassen Sie jedoch nach und nach den Boden an der Oberfläche trocken werden, bevor Sie erneut gießen. Auf diese Weise wird eine tiefe Verwurzelung angeregt. Neu gesetzte Pflanzen brauchen ebenfalls reichlich Wasser. Sie können regelrecht eingeschlämmt werden, denn dadurch wird der gute Kontakt zwischen den Wurzeln der jungen Pflanze und dem Boden gefördert.

Sobald die Gemüse sich eingewöhnt haben, brauchen sie weniger Wasser. Die durstigsten, wie z.B. Tomaten, müssen vor allem in trockenen Sommern regelmäßig gegossen werden. Gießen Sie lieber ausgiebiger aber nicht zu häufig, am besten gegen Abend, wenn die Sonne untergeht. Sie haben dann die ganze Nacht, um ihren Wasservorrat für den folgenden Tag wider aufzustocken. Außerdem verringern Sie so die Wasserverluste durch Verdunstung.

Gießen Sie nur den Fuß der Pflanze und nicht die Blätter: Dabei gelangt nur wenig Wasser bis an die Wurzeln und außerdem sind feuchte Blätter anfälliger für Pilzkrankheiten.

Benutzen Sie also zum Bewässern einen einfachen Schlauch mit oder ohne Lanze. Diese etwas mühselige Bewässerungsmethode kostet allerdings viel Zeit. Sie können sich die Sache erheblich erleichtern, indem

Ausgetrickst

Seit langem wenden Bauern eine listige Methode an, mit der ein gehöriger Anteil von Unkraut ausgerottet werden kann. Jeder Boden enthält einen beachtlichen Vorrat an Unkrautsamen. Wenn Sie den Garten für das Einsäen vorbereiten, fördern Sie gleichzeitig die Keimung dieser „Unkräuter".

Bearbeiten Sie den Boden im Frühjahr – etwas eher als gewöhnlich – wie für die Aussaat, ohne jedoch zu säen und warten Sie 10–14 Tage ab. Das junge Unkraut beginnt zu sprießen, hat es doch ein keimfreundliches Milieu vorgefunden. Jetzt harken Sie die Anbaufläche erneut: Die noch empfindlichen jungen Unkrautpflänzchen werden entwurzelt und in die Erde untergeharkt, wo sie verrotten. Nun können Sie den Boden glattrechen und mit der Aussaat beginnen!

Das Mulchen

Unter Mulchen verstehen Gärtner das Abdecken der Erdoberfläche rund um die Pflanzen mit organischem Material. Es handelt sich dabei um eine mindestens 6–7 cm dicke isolierende Schicht aus Stroh, Rindenmulch, Grasschnitt oder Kompost. Der Mulch ist luftdurchlässig und lässt das Wasser tief einsickern, schützt aber den Boden vor der brennenden Sonne und hemmt so die Verdunstung. Der Boden um die Füße der Pflanzen bleibt länger feucht. Verwenden Sie Mulch, der im Lauf des Jahres rasch verrottet und dann bei den Arbeiten im Herbst in den Boden eingearbeitet werden kann.

Eine Mulchschicht hemmt außerdem das Unkrautwachstum und schützt mehrjährige Arten vor der Winterkälte. Verteilen Sie den Mulch auf gut gejätetem, feuchtem Boden. Sie können auch spezielle Abdeckfolie aus Plastik verwenden, die Sie nach dem Bepflanzen des Gartens auslegen. Vergessen Sie nicht, für jede Pflanze ein Loch einzuschneiden. Die Folien eignen sich vor allem für Erdbeeren und besonders kälteempfindliche Arten (z.B. Melonen, Auberginen, Gurken). Die reifenden Früchte liegen sauber auf der Folie und werden nicht mit feuchter Erde verunreinigt. Da die Folien schwarz sind, absorbieren sie Wärme, die das Wachstum der empfindlichen Gemüse unterstützt.

Sie an den Gemüsereihen perforierte Schläuche verlegen: Über diese Verlängerungen Ihres Gartenschlauchs wird das Wasser am Fuß der Pflanzen verteilt, ohne dass die Blätter nass werden.

Krankheits- und Schädlingsbekämpfung

Um eine gute Qualität Ihres Gemüses zu gewährleisten, sollten Sie auf den Einsatz von Pflanzenschutzmitteln möglichst verzichten. Sollte er dennoch nötig sein, halten Sie vor allem die auf den Packungen vorgegebenen Wartezeiten zwischen Behandlung und Ernte ein. In zahlreichen Fällen ist eine Behandlung jedoch überflüssig. Tritt ein Parasit oder eine Krankheit zu Beginn der Ernte auf, begnügen Sie sich damit, die Pflanzen früher als vorgesehen zu ernten. Verbrennen Sie die übrigen Pflanzenreste sofort, damit jede weitere Kontamination vermieden wird.

Falls der Befall sehr früh erfolgt, können Sie die Jungpflanzen ausreißen und erneut säen oder pflanzen. Um jeglichen Kontakt mit noch vorhandenen Erregern zu vermeiden, wählen Sie am besten einen anderen Platz. Ist das Jahr jedoch schon zu weit fortgeschritten und eine neue Aussaat oder Bepflanzung nicht mehr sinnvoll, gedulden Sie sich mit dem neuen Versuch bis zum nächsten Jahr.

Manchmal ist eine Behandlung mit Pestiziden allerdings unumgänglich. Schnecken, die Ihre schutzlosen jungen Pflanzen ruinieren, können z.B. mithilfe von Ferramol oder Mesurol Schneckenkorn bekämpft werden. Die Mittel verlieren ihre Wirksamkeit sobald sie nass werden und müssen gegebenenfalls neu ausgestreut werden. Echter und Falscher Mehltau, Läuse, Raupen, hauptsächlich die des Kohlweißlings, die sich im Herzen der Kohlköpfe breitmachen, müssen gezielt und frühzeitig bekämpft werden (in den jeweiligen Pflanzenporträts sind spezielle Schädlinge vermerkt). Bei Befall mit Echtem Mehltau müssen Sie gleich zu Beginn die befallenen Blätter entfernen und Präparate auf Lecithin- oder Azoxystrobinbasis versprühen. Falscher Mehltau kann mit Kupferkalkbrühe oder Bordeauxbrühe, die vor allem im Weinbau angewendet wird, bekämpft werden. Gegen Läuse sollten Sie zunächst biologische Insektizide einsetzen und die Anwendung nach 10 Tagen wiederholen. Einige Schädlinge und auch Krankheiten lassen sich durch Nützlinge reduzieren. So vernichtet die Schlupfwespe *Encarsia formosa* die Weiße Fliege.

Schutz:
Glasglocke oder Frühbeet?

Den einfachsten Schutz gewährt über den Boden ausgebreitetes Laub: Es schützt den Boden vor Frost, der im Winter die Ernte von Freilandgemüse, wie z.B. Lauch, unmöglich machen würde. Mit Glocken aus Glas oder durchsichtigem Kunststoff lassen sich Pflanzen schützen. Sie eignen sich gut, um die Erntezeit von Blättern (z.B. Petersilie, Kerbel, Sauerampfer) in den Winter hinein während Kälteperioden zu verlängern, um frostempfindliche junge Pflanzen vor Kälte zu schützen oder um die Reifung wärmebedürftiger Früchte wie Melonen zu beschleunigen.

Das Frühbeet ist ein halb in die Erde eingelassener Kasten aus Holz oder Zement mit einer Glasabdeckung. Setzen Sie ihn an eine geschützte und sonnige Stelle im Gemüsegarten vor eine Mauer in Richtung Süden oder Westen. Wegen seiner Leichtbauweise kann das Frühbeet bei Bedarf auch umgesetzt werden. Es sollte nicht zu groß sein, ein Kasten mit 1 m² Fläche ist völlig ausreichend.

Frühbeet

Glasglocke

Leitfaden zu den Pflanzenporträts

Schwierigkeit der Kultivierung:
- ★ einfach
- ★★ schwierig
- ★★★ sehr schwierig

Name der Pflanze

Pflanzenfamilie

Foto der Pflanze

Empfehlenswerte Sorten

Technische Hinweise: Zeiten für Aussaat oder Pflanzung, Ernte, Gießen, Anfälligkeit für Krankheiten und Parasiten

Anbautipps

★ Portulak

Portulakgewächse

Kulturanleitung

Portulak schmeckt säuerlich-würzig und ist im Sommer sehr erfrischend; entweder allein oder als Zutat in gemischten Salaten. Der Portulak mag leichte, möglichst sandige, eher feuchte Böden und bevorzugt einen warmen, sonnigen Platz.

Aussaat

Direkt ins Freiland

Von Mai bis Anfang September wird breitwürfig und gleichmäßig auf eine Fläche von zirka 2 m² ausgesät. Gehen Sie oberflächlich mit dem Rechen darüber, sodass die Samen nicht zu tief liegen, und gießen Sie regelmäßig mit feiner Brause, damit spätestens nach 10–15 Tagen die ersten Blätter erscheinen.

Die Samenkörner sind sehr winzig. Säen Sie deshalb an einem windstillen Tag, damit sie nicht in die Gegend verstreut werden.

Empfehlenswerte Sorten
'Gelber Breitblättriger', 'Grüner'.

Die Ernte

2 ½ Monate nach der Aussaat können Sie nach Bedarf Portulakblätter in Bodennähe abschneiden.
Gießen Sie fleißig weiter, damit der Portulak nachwächst. Bis zu den ersten Frösten können Sie mit 2–3 Ernten rechnen.

Aussaatzeitpunkt:
Mai–September
Keimdauer:
10–20 Tage
Ernte:
Juli–Oktober/November
Gießen:
Krankheiten und Schädlinge:
Keine

Gießen Sie häufig, solange Sie ernten wollen, damit die Blätter schön zart bleiben.

168

ABC des Gemüsegartens

Gemüse **von A bis Z**

★★

Artischocke

Korbblütler

Kulturanleitung

Die bis zu 2 m große, sich kräftig verzweigende Artischocke ist ein mehrjähriges Gemüse: Nach dem Pflanzen können sie 4–5 Jahre davon ernten. Sie liebt tiefe sommerfrische Böden, die reichlich organische Substanzen enthalten.

Pflanzzeitpunkt:
Mitte Mai

Ernte:
Solange die Blütenschuppen noch eng und geschlossen sind (Juli–September)

Ertrag:
2–3 Artischocken je Pflanze im ersten Jahr. Etwa 12 Artischocken je Pflanze in den folgenden Jahren

Gießen:

Krankheiten und Schädlinge:
Mehltau, Blattläuse, Weiße Fliege, Spinnmilben

Pflanzen

Zunächst im März ins Gewächshaus oder Frühbeet säen, ab Mitte Mai an Ort und Stelle pflanzen. Graben Sie den Boden tief um und arbeiten Sie 20 kg/m² durchgereiften Kompost ein.

Stutzen Sie vor dem Pflanzen die Blätter auf die Hälfte und kappen Sie die längsten Nebenwurzeln. Um das Wachstum der Wurzeln nach dem Pflanzen zu fördern, können Sie diese in ein Bewurzelungspulver tauchen.

Artischocken mit dicken Köpfen sind ziemlich frosthart und können in nördlicheren Regionen angebaut werden, wohingegen die kleineren kälteempfindlich sind und besser in wärmeren Gebieten gedeihen.

Empfehlenswerte Sorten:
Kultursorten bilden meistens größere, unbestachelte Blütenköpfe aus, wie z.B. 'Große von Laon','Grenn Globe'.

Artischocken sind nicht in jedem Klima winterhart. In rauhen Lagen müssen die Pflanzen ausgegraben und im Keller oder Frühbeet überwintert werden. In wärmeren Gegenden brauchen sie ausreichenden Winterschutz.

Pflanzen Sie im Abstand von 80–100 x 100 cm in Reihen jeweils 2 Setzlinge wenige Zentimeter auseinander in große Pflanzlöcher, die Sie mit gut verrottetem Stallmist oder Kompost anreichern. Gießen Sie großzügig, bis der Boden kein Wasser mehr aufnehmen kann. Ab Juni, bei trockenem Wetter mindestens einmal in der Woche reichlich gießen.

Artischockenpflanzen sind kaum erhältlich, sodass man zunächst auf eine Aussaat angewiesen ist. Später können Sie durch bewurzelte Seitentriebe, so genannte Kindel, oder durch Teilung der Mutterpflanze vermehren.

Die Ernte

Ernten Sie, solange die schuppenförmigen Blätter in der Mitte der Frucht noch geschlossen sind, indem Sie die Artischocke 10 cm unterhalb des Kopfes abschneiden.

Ab dem zweiten Jahr tragen die im Frühjahr gesetzten Pflanzen zweimal Früchte: eine Ernte im Frühjahr und eine weitere Ende August–Anfang September. Dazu müssen nach der ersten Ernte die Frucht tragenden Stängel bis auf den Boden zurückgeschnitten werden. Gießen Sie regelmäßig!

Vor den ersten Frösten

Ende Oktober schneiden Sie an einem trockenen Tag um die Mittagszeit die Artischockenstiele, die in diesem Jahr Früchte getragen haben, bis auf den Boden zurück. Die größten Blätter werden auf die Hälfte eingekürzt und zusammengebunden.

Häufeln Sie einen etwa 20 cm hohen Erdhügel um die Pflanze an und achten Sie darauf, dass keine Erde in das Herz der Pflanze gelangt.

Bedecken Sie das Ganze mit Wachstumsfolie oder mit altem Laub, das Sie mit einem Netz aus Plastik fixieren.

Die Pflege der Artischocke

Die Artischocke bleibt mehrere Jahre an ihrem Standort. Pflegemaßnahmen fallen hauptsächlich im Frühling an.

1

Ab Februar entfernen Sie die Abdeckfolie oder die alten Blätter mitsamt dem Netz, lassen aber den Erdwall unberührt.

2

Im März oder April wird der Erdwall um die Artischocke abgetragen. Legen Sie die Basis der Pflanze vorsichtig frei.

Schneiden Sie mit einem scharfen Messer die Kindel ab, sodass von jedem Horst nur die 2 kräftigsten Stiele stehen bleiben. Mit dem Grubber arbeiten Sie pro Artischocke eine gute Handvoll Kompost ein.

Im dritten oder vierten Jahr können die gewonnenen Ableger dann die alten Artischocken ersetzen.

3

★★★

Aubergine, Eierfrucht

Nachtschattengewächse

Kulturanleitung

Die einjährige Aubergine ist kälteempfindlich und gedeiht nur in warmen Regionen im Freiland. In kühleren Gebieten reifen die Früchte nicht aus. Pflanzen Sie sie in tiefen Boden, der im Herbst zuvor gut gedüngt wurde, an einen sonnigen, nicht zu trockenen Standort.

Pflanzzeitpunkt: *Mai*
Keimdauer:
7–10 Tage
Ernte:
Von Ende Juli–Oktober/November
Ertrag:
10–30 Auberginen pro Pflanze je nach Region
Gießen:

Krankheiten und Schädlinge:
Mehltau, Weiße Fliege, Welkekrankheit

Aussaat

In einer Pflanzschale ★

Samen im März möglichst gleichmäßig in eine Pflanzschale säen und mit 0,5 cm Anzuchterde bedecken.

Die Saat mit einem Holzbrettchen andrücken und mit dem Zerstäuber befeuchten. Decken Sie die Schale ab, bis nach 10–15 Tagen die ersten Blättchen erscheinen, und stellen Sie sie an einen warmen Platz (optimale Temperatur: 25 °C).
Sorgen Sie für genügend Licht, sobald die Blätter erscheinen.

Um das Keimen der Saat zu beschleunigen, können Sie die Pflanzschale auf die Fensterbank über einem Heizkörper stellen.

Umtopfen

Nach etwa einem Monat zeigen die Pflanzen 5–6 gut entwickelte Blätter. Pflanzen Sie sie in Anzuchttöpfe, die zu gleichen Teilen mit Erde und Torf gefüllt sind, und verfrachten Sie diese in den Frühbeetkasten. Öffnen Sie den Kasten in den wärmsten Stunden des Tages. Ab Mitte Mai können Sie die Fenster abnehmen.

Empfehlenswerte Sorten

F1-Hybride 'Bonica', zeitig reif, eiförmige Früchte.
F1-Hybride 'Baluroi', 25 cm lange Früchte.
'Lange Violette'.
F1-Hybride 'Bambino' für Eintopfgerichte, kann auf dem Balkon oder der Terrasse gezogen werden.

Pflanzen

Nach den Eisheiligen werden die jungen Auberginenpflanzen im Abstand von 40–50 cm in vorbereitete Pflanzlöcher gesetzt, die Sie mit Kompost oder Komposterde gefüllt haben (Reihenabstand 70 cm). Großzügig gießen.

Gießen Sie die Auberginen im Sommer an der Basis und geben Sie acht, dass die Blätter nicht nass werden. Es empfiehlt sich, gut mit Mulch abzudecken.

Im Norden sollten Sie die Pflanzen unter einem Folientunnel halten, den Sie erst gegen Anfang Juli entfernen, wenn die Früchte etwa so groß sind wie ein Ei.

Anstatt die Auberginen zu säen, können Sie in Gärtnereien auch Setzlinge in Anzuchttöpfen kaufen. Es gibt sogar veredelte, etwas teurere Pflanzen, die ertragreicher und vor allem früher reif sind. Die Ausgabe lohnt sich besonders in nördlichen Gebieten.
Genauso wie die selbst gezogenen Sämlinge pflanzen Sie die gekauften Setzlinge je nach Region zwischen Mai und Juni aus.

Rückschnitt der Aubergine

Da Auberginen sehr kälteempfindlich sind, können sie erst spät ins Freiland ausgepflanzt werden. Das verkürzt die Anbauperiode und schmälert den Ertrag. Im Süden kann eine Pflanze bestenfalls 20–30 Früchte hervorbringen, in nördlichen Regionen höchstens 10 Früchte. Durch einen Rückschnitt wächst die Pflanze buschiger, und die Fruchtbildung wird gefördert.

1

Im Juni, wenn die Aubergine 2 Blüten hervorgebracht hat, schneiden Sie den Zweig direkt oberhalb der zweiten Blüte ab. Binden Sie die Pflanze an einem Stab an.

1

2

2

Im Juli hat sich der Hauptstamm der Auberginenpflanze mehrfach verzweigt. In nördlichen Gegenden lassen Sie nur 2–3 Zweige stehen, die Sie bis zu 1–2 Blättern oberhalb der ersten offenen Blüte zurückschneiden.

3

3

Im Süden und im Südwesten verbleiben 3–4 Verzweigungen. Schneiden Sie jede von der Basis aus gesehen bis oberhalb der zweiten Blüte zurück.

Die Ernte

Von Ende Juli bis zum ersten Nachtfrost wird nach Bedarf geentet, wenn die Auberginen eine kräftige Farbe haben und auf Fingerdruck ein wenig nachgeben, aber noch nicht weich sind.

Vor dem ersten Frost

Reißen Sie die Pflanzen aus und verbrennen oder entsorgen Sie sie. Die Pflanzen gehören nicht in den Komposthaufen, denn häufig sind sie am Ende der Saison von Krankheiten und Schädlingen befallen.

★★

Blumenkohl

Kreuzblütler

Kulturanleitung

Wie alle Kohlarten liebt der Blumenkohl humusreiche, tiefgründige Böden; Trockenheit beeinträchtigt sein Wachstum. Gute Düngung im Frühjahr, Mulchen mit Kompost und fleißiges Gießen sind der Einsatz für eine reiche Ernte!

Aussaat

INS ANZUCHTBEET ★

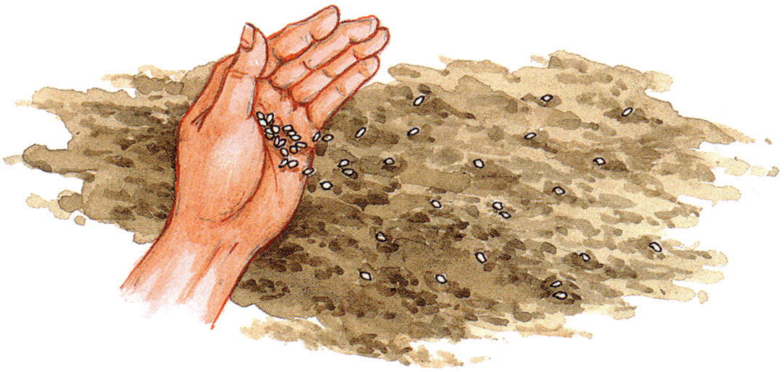

Setzlinge von frühen Sorten kaufen Sie am besten in einer Gärtnerei. Sie können ab Mitte April ins Freiland gesetzt werden. Sommersorten ab Mai, Herbstsorten ab Juni breitwürfig aussäen und dünn mit Erde bedecken. Festdrücken und mit feiner Brause gießen.

Aussaatzeitpunkt:
Mai–Juni
Keimdauer:
6–8 Tage
Ernte:
Juli–November
Ertrag:
1 Blumenkohl von 800 g–1 kg pro Setzling
Gießen:

Krankheiten und Schädlinge:
Blattläuse, Kohlfliege, Großer Kohlweißling, Kohlhernie

Umpflanzen

Einen Monat nach der Aussaat werden die jungen Pflanzen mit 2–3 Blättern vorsichtig aufgenommen und im Anzuchtbeet so umgepflanzt, dass sie allseitig 10 cm freien Platz haben. Die Pflänzchen werden bis an die ersten Blätter in die Erde gesetzt.

Pflanzen

Ungefähr anderthalb Monate nach der Aussaat, wenn die jungen Pflanzen 4–6 Blätter haben, gräbt man sie mit der Pflanzkelle aus. Wählen Sie die kräftigsten Pflanzen, deren terminale Knospe unversehrt ist.

Empfehlenswerte Sorten

Frühanbau: 'Erfurter Zwerg', 'Danova', 'Montano'.

Sommeranbau: 'Neckarperle', 'Exponent', 'Celesta'.

Herbstanbau: 'Alverda' (grüner Kopf), 'Romanesco precoce' (gelbgrün).

Wollen Sie auch frühe Sorten selbst ziehen, müssen die Samen im Februar in Schalen mit Anzuchterde im Gewächshaus oder auf der Fensterbank vorgezogen werden (Temperatur 18 °C).

Im Gemüsegarten setzen Sie in der Reihe alle 60 cm eine Pflanze. Zwischen den Pflanzreihen soll ein Abstand von 60–70 cm eingehalten werden. Pflanzen Sie tief bis an die Basis der Blätter, drücken Sie die Erde rund um die Pflanze ordentlich fest und gießen Sie reichlich.

Einen Monat nach dem Pflanzen

Wenn die jungen Blumenkohlköpfe einen Durchmesser von 10 cm erreicht haben, wird die Hauptrippe an den Blättern, die den Blumenkohlkopf umgeben, umgebrochen, um ihn vor Sonne zu schützen.

Gießen Sie den ganzen Sommer über regelmäßig: Der Blumenkohl verträgt keine Bewässerung nach Lust und Laune. Um die Feuchtigkeit länger im Boden zu halten mulchen Sie mit einer dicken Schicht von reifem Kompost.

Die Ernte

Etwa drei Monate nach dem Pflanzen können Sie ernten. Schneiden Sie den Kopf mit den dicht an dicht liegenden Blumenkohlröschen ab, wobei sie einige Zentimeter des Stiels mit abschneiden.

Ist die Blattmasse gesund, kann sie auf dem Beet verbleiben und gemulcht werden. Gesunde Pflanzenreste können auch auf den Komposthaufen geworfen werden, kranke Reste werden verbrannt.

Im Sommer gedeiht der Blumenkohl besser in feuchten Regionen. In südlichen Ländern verschiebt man den Anbau um einige Monate: Aussaat im Mai/Juni, pflanzen im Juli oder August. Geerntet wird dann im folgenden Frühjahr. In Gegenden mit mildem Klima können Sie diese Zeitvorgaben für den Anbau übernehmen, wenn Sie Blumenkohl im Frühjahr essen wollen.

Um den weißen Kopf des Blumenkohls zu schützen, binden Sie die äußeren großen Blätter oben zusammen. Dies muss bei trockenem Wetter geschehen.

Bohnen

Leguminosen

Kulturanleitung

Bohnen lieben leichten Boden, der weder zu kalkhaltig noch zu feucht sein darf. Sie können den Stickstoff binden und dem Boden als organische Masse zuführen. Bei der Aussaat sind Düngergaben nicht erforderlich.

Aussaatzeitpunkt:
Mai–Juli (grüne Bohnen)
Mai–Juni (Auskernbohnen)
Keimdauer: *5–8 Tage*
Ernte:
Von Juli–September (grüne Bohnen); von August–Oktober (halbtrockene Bohnenkerne); im September/Oktober (trockene Bohnenkerne)
Ertrag:
Sehr unterschiedlich je nach Sorte und Erntezeit
Gießen:
Krankheiten und Schädlinge:
Brennfleckenkrankheit, Schwarze Bohnenlaus, Bohnensaatkäfer

Aussaat

BUSCHBOHNEN

Im Süden werden Buschbohnen von Anfang April bis Ende August, im Westen von Ende April bis Ende Juli und in den anderen Regionen von Mitte Mai bis Mitte Juli ausgesät. Weichen Sie am Abend vor der Aussaat die Bohnenkerne in Wasser mit Zimmertemperatur ein.

Entlang einer gespannten Schnur ziehen Sie 2–3 cm tiefe Furchen, in die Sie alle 3–4 cm einen Samen legen (Reihenabstand 40–50 cm). Die Furchen mit dem Rechen schließen, die Erde mit dem Rücken des Rechens festdrücken und mit feiner Brause gießen.

STANGENBOHNEN

Die Stangenbohnen (grüne oder Auskernbohnen) säen Sie in parallelen Doppelreihen, die 70–80 cm Abstand haben.

Etwa 10 Wochen nach der Aussaat können Stangenbohnen bis zum Herbst laufend geerntet werden. Häufiges Pflücken erhöht den Ertrag. Beschädigen Sie beim Abpflücken keinesfalls die Ranken, die Pflanzen werden daurch nachhaltig geschädigt.

Empfehlenswerte Sorten

Dünne Buschbohnen: 'Belna', 'Triomphe de Farcy', 'Delinel', 'Oxinel', 'Marbel'.

Grüne Buschbohnen: 'Améthyst', 'Contender', 'Pfälzer Juni', 'Safran'.

Buschige Auskernbohnen: 'Ariel', 'Graindor', 'Vernel', 'Phénomène'.

Grüne Stangenbohnen: 'Esmeralda', 'Trebona', 'Markant'.

Stangenbohnen zum Auskernen: 'Coco de Prague'.

15 Tage nach dem Keimen

Sind die Buschbohnen- oder die Stangenbohnenpflanzen 15 cm groß, jäten Sie und häufeln Sie allseitig Erde an bis an die ersten beiden Blätter.

Stecken Sie alle 30–40 cm 2–3 m hohe Stangen (Nussbaum, Kastanie, Bambus etc.) an der Außenseite der Bohnenreihen schräg in die Erde. Binden Sie sie paarweise oben zusammen und stabilisieren Sie die Stangen, indem Sie je 2 Paare oben mit einer Querstange verbinden.

Wenn der Boden bei der Aussaat trocken ist, wässern Sie den künftigen Standort für Ihre Bohnen gründlich. Später gießen Sie reichlich, vermeiden Sie aber die Blätter nass zu machen.

Die Ernte

2 ½ Monate nach der Aussaat beginnt die Ernte der grünen Bohnen. Die Fadenbohnen werden geerntet, wenn sie ungefähr 12–15 cm lang sind, bevor sie Kerne bekommen (die Schoten sind nicht knubbelig). Kontrollieren Sie ab Erntebeginn alle 2–3 Tage die Bohnenreihen, um rechtzeitig zu pflücken. Rechnen Sie für die Haupterntezeit 2–3 Wochen.

Damit Sie beim Ernten der Buschbohnen keine Pflanzen ausreißen, sollten Sie beidhändig arbeiten: Mit einer Hand halten Sie die Pflanze, mit der anderen knipsen Sie den Stiel der Schote ab und ziehen sie nach unten.

Pflücken Sie die Wachsbohnen, sobald sie 12–15 cm lang sind. Bis sich die Kerne bilden, behalten die Bohnen ihre geschmacklichen Qualitäten (die knubbeligen Schoten). Rechnen Sie mit einem Monat Ernetezeit.

Ernten Sie etwa drei Monate nach der Aussaat die Stangenbohnen, wenn sich pralle Kerne gebildet haben und die noch grünen Schoten sich leicht öffnen. Diese Bohnenkerne müssen Sie rasch verbrauchen.

Bei trockenem Wetter pflückt man nacheinander die Schoten der Stangenbohnen, sobald sie trocken sind.

Ebenfalls bei trockenem Wetter werden die buschig wachsenden Auskernbohnen geerntet, wenn die Schoten trocken sind, dabei reißen Sie die ganze Pflanze aus.

Nach der Ernte

Ist die Ernte beendet, verbrennen Sie die Pflanzenreste, die meist mit Schädlingen und Krankheiten behaftet sind.

Der Ausdruck „zum Einfrieren geeignet", der auf manchen Packungen von Bohnensamen steht, besagt, dass es sich um Sorten handelt, die im gefrorenen Zustand gut haltbar sind und nach dem Auftauen nicht matschig werden.

Die Lagerung trockener Bohnen

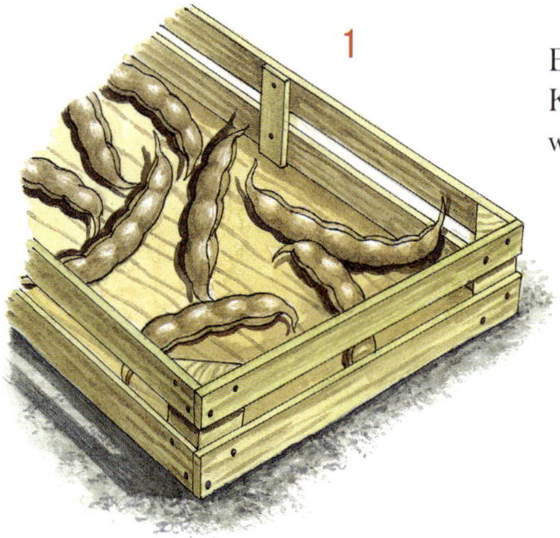

1

Breiten Sie die Schoten, ohne sie zu knacken, in Kistchen aus. Sie werden zum Trocknen an einen warmen Platz gestellt.

2

Bündeln Sie die Bohnenschoten und hängen Sie sie an einen trockenen Platz, damit sie sich gut halten.

Man kann Buschbohnen oder Stangenbohnen anbauen. Bei grünen Bohnen isst man die grünen Schoten, bevor die Kerne reif werden, von den Auskernbohnen werden die Kerne verzehrt.

★★

Brokkoli

Kreuzblütler

Kulturanleitung

Brokkoli schätzt humusreiche, kalkhaltige Gartenböden, einen sonnigen Platz und eine gute Wasserversorgung. Arbeiten Sie einen Monat vor dem Pflanzen 5 kg/m² gut verrotteten Stallmist und einen Volldünger in den Boden ein.

Aussaat

INS ANZUCHTBEET ★

Im Mai/Juni gräbt man eine Fläche von 1 m² um und zerkrümelt die Schollen gründlich. Säen Sie gleichmäßig breitwürfig aus der hohlen Hand. Bedecken Sie die Samen dünn mit Erde.

Drücken Sie alles mit dem Rücken des Rechens fest und gießen Sie mit feiner Brause. Gut feucht halten, bis etwa 15 Tage später die ersten Blätter erscheinen.

Aussaatzeitpunkt:
April–Mai

Keimdauer:
6–10 Tage

Ernte:
Oktober–November

Ertrag:
1 Pflanze ergibt 1 Kopf von 300–400 g Gewicht.

Gießen:

Krankheiten und Schädlinge:
Kohlfliege, Kohlhernie, Großer Kohlweißling

Vereinzeln

Etwa vier Wochen nach der Aussaat wird auf 10 cm vereinzelt. Ziehen Sie vorsichtig die jungen Pflänzchen aus der Erde und pflanzen Sie die kräftigsten an einen neuen Platz. Setzen Sie sie bis an die ersten Blätter in die Erde.

Auspflanzen

Im Juni–Juli bekommen die jungen Brokkolipflanzen, die 4–6 Blätter haben, ihren endgültigen Standort. Nehmen Sie ein Setzholz, um die kräftigsten Pflanzen mit unversehrtem Herz auszugraben. Diese werden im Gemüsegarten mit einem Abstand von 50 x 50 cm so gesetzt, dass sie bis zu den ersten Blättern in der Erde stecken. Drücken Sie die Erde um die einzelnen Pflanzen fest an und gießen Sie reichlich.

Junge Brokkolisetzlinge bekommen Sie auch in Gärtnereien oder einem Fachmarkt. Pflanzen Sie, wie oben beschrieben, den Brokkoli Mitte Juni an Ort und Stelle.

Gießen Sie nach dem Pflanzen regelmäßig, bis der junge Kohl heranzuwachsen beginnt.

Vor dem ersten Frost

Rund um die nicht geernteten Pflanzen Ende Oktober senkrecht mit dem Spaten die Erde abstechen. Anschließend mit Hebelwirkung die Pflanze herausheben.

Setzen Sie sie für den Winter in den Frühbeetkasten. Das Frühbeetfenster bei klirrender Kälte mit Strohmatten abdecken.

Nur in Regionen mit mildem Klima können Brokkoli im Freiland überwintern. Meistens ist jedoch nur eine Ernte vor dem einbrechenden Winter möglich.

Ende Februar nehmen Sie die Brokkolipflanzen mit dem Erdballen heraus und pflanzen sie in Abstand von 60–70 cm erneut im Freiland aus.

Empfehlenswerte Sorten

'Emperor', roh und gekocht genießbar.

'Rosalind', rot violett, grünkochend, intensiver Geschmack.

'Green Valiant'.

Die Ernte

Fest geschlossene Brokkoliknospen werden mit einem 20–25 cm langen Stängelstück abgeschnitten. Schneiden Sie zuerst den Hauptspross und dann die Nebensprosse.

Belassen Sie die Brokkolipflanze an Ort und Stelle: Nachdem der Hauptstiel abgeschnitten ist, wachsen deutlich kleiner Sekundärblüten nach. Sie werden genauso verwendet wie die der ersten Ernte. Eine Lagerung ist allenfalls im Kühlschrank für 1–2 Tage möglich. Ansonsten: verzehren oder einfrieren.

★★★

Chicorée

Korbblütler

Kulturanleitung

Der Chicorée zählt zu den Zichorien. Die Salat-Zichorie bildet eine fleischige Wurzel, die im Winter in künstliche Dunkelheit versetzt wird, wo sie einen langen weißen Kopf, den Chicorée, treibt. Die Pflanze liebt etwas schwerere fruchtbare Böden.

Aussaatzeitpunkt:
Mai–Juni
Keimdauer:
6 Tage
Ernte:
Oktober–März
Ertrag:
Etwa 200 Chicorée-Köpfe je m²
Gießen:

Krankheiten und Schädlinge:
Echter Mehltau, Rost, Erdraupen

Aussaat

Direkt ins Freiland

Im Mai oder Juni ziehen Sie in dem sorgfältig vorbereiteten Boden im Abstand von 30 cm flache Saatfurchen. In diese legen Sie in gleichen Abständen die Samen. Gehen Sie mit dem Rechen leicht über die Furchen und gießen Sie mit feiner Brause. Feucht halten, bis sich die ersten Blätter zeigen.

Gießen Sie regelmäßig von der Aussaat an und während der gesamten Anbauzeit.

Ausdünnen

15–20 Tage später haben die jungen Pflanzen 2–3 Blätter. Entfernen Sie die schwächsten und die degenerierten Exemplare (rote Blattstiele, stark ausgezackte Blätter) und lassen Sie alle 12–15 cm nur eine Pflanze stehen.

Nach dem Vereinzeln mit einem Volldünger düngen, um das Wachstum anzuregen. Achten Sie auf die Dosierung.

Vor dem ersten Frost

Empfehlenswerte Sorten

'Béa', 'Zoom', zum Treiben mit oder ohne Eingraben in Erde.

'Alba' und 'Vilmorin 5' für die traditionelle Kultur, d.h. mit Eingraben in Erde.

'Carla', eine rot gefärbte Sorte.

Von Oktober bis Mitte Dezember graben Sie bei Bedarf mithilfe einer Grabegabel, die Sie 15–20 cm vor der Pflanze parallel zur Reihe einstechen, die Wurzeln aus der Erde.

Lassen Sie die Wurzeln auch bei Kälte im Freien trocknen. Dies ist unerlässlich für die Reifung der Knospe, aus der sich der Chicorée-Kopf bilden wird. Zu kleine Wurzeln mit einem Durchmesser von weniger als 4 cm oder gespaltene Wurzeln werden weggeworfen.

Eine Woche später werden die Wurzeln zugerichtet: Mit dem Gartenmesser schneidet man die Blätter 2–3 cm über dem Wurzelhals kegelförmig ab und die Wurzelspitze schräg 18–20 cm unterhalb des Austrittspunkts der Blätter.

Treiben der Chicorée-Köpfe

Um die langen weißen Köpfe zu bilden, werden die Zichorienwurzeln nach dem Zurichten im Dunkeln kultiviert. Zwei Verfahren sind möglich: die traditionelle Kultur im Garten oder die Kultur im Keller. Im Keller kann man nur die Sorten treiben, die nicht in Erde eingegraben werden müssen. Die entsprechenden Angaben stehen auf den Samentüten.

TREIBEN IM GARTEN ★★★

Ziehen Sie einen 50 cm tiefen und 1 m breiten Graben, der so lang sein sollte, dass er alle Wurzeln aufnehmen kann. Lockern Sie den Boden des Grabens gründlich auf. Setzen Sie die Wurzeln senkrecht und gegeneinander versetzt so in den Boden, dass die oberen Enden auf gleicher Höhe sind. Schichten Sie 20 cm hoch Erde darüber. Zum Einschlämmen Wasser darübergießen. Decken Sie das Ganze mit einer 25–30 cm dicken Strohschicht ab und legen Sie Bretter darüber.

TREIBEN IM KELLER ★★

Die Temperatur im Keller sollte 10–12 °C betragen. Stellen Sie die Wurzeln senkrecht und gegeneinander versetzt in 20 cm hohe wasserdichte Kästen.

Die Wurzeln mit Torf bedecken und anschließend großzügig gießen. Halten Sie den Torf während der gesamten Treibdauer schön feucht.

Die Ernte

Nach sechs Wochen Treibdauer haben sich 15–20 cm lange Chicorée-Köpfe gebildet. Sie können mit einem scharfen Knick nach unten vom Wurzelhals gebrochen werden.

Wenn alle Chicorée-Köpfe aus einem Graben geerntet sind, entfernt man das Stroh und wirft die Reste der Wurzeln auf den Komposthaufen. Füllen Sie den frei gewordenen Graben wieder auf.

Chinakohl

Kreuzblütler

Kulturanleitung

Aussaat

Direkt ins Freiland

Vermeiden Sie unbedingt Trockenheit; sie beeinträchtigt den Geschmack der Blätter.

Zwischen Mitte Juli und Mitte August werden Saatfurchen im Abstand von 30–35 cm gezogen. Platzieren Sie alle 25–30 cm jeweils 3–4 Samen in die Furche. Mit Erde bedecken und vorsichtig gießen. Halten Sie die Erde feucht, bis etwa eine Woche später die ersten Blätter erscheinen.

Schützen Sie die jungen Pflanzen mindestens 3–4 Wochen nach der Aussaat gegen direkte Sonne, damit sie nicht ins Kraut schießen (die Bildung von Blüten hemmt die Bildung der Kohlkopfblätter).

Der anspruchslose Chinakohl bildet ovale Köpfe aus stark gekrausten hellgrünen bis weißlichen Blättern. Nahe verwandt ist der Pak Choi, der mit seinen glatten Blättern an Mangold erinnert. Beide bevorzugen lockeren, fruchtbaren Boden mit guter Wasserversorgung.

Aussaatzeitpunkt:
Mitte Juli–Mitte August.

Keimdauer:
5–10 Tage

Ernte:
Oktober–November

Ertrag:
3–4 Kohlköpfe (die bis zu 2 kg wiegen können) pro Reihenmeter

Gießen:

Krankheiten und Schädlinge:
Kohlfliege, Großer Kohlweißling, Kohlhernie

Ausdünnen

Etwa 10 Tage nach der Aussaat ziehen Sie aus jeder Gruppe die schwächsten Pflanzen heraus und belassen nur jeweils eine an Ort und Stelle.

Empfehlenswerte Sorten

Chinakohl: 'Chorus', 'Parkin', resistent gegen Kohlhernie.

Pak Choi: 'Hypro', 'Japro', 'Joi Choi', schossfeste F1-Hybriden.

Die Ernte

Ab Ende September bis zu den Frösten erntet man den Chinakohl nach Bedarf: Schneiden Sie ihn dicht über dem Boden ab.

Chinakohl hat im Gegensatz zu anderen Kohlarten einen geringen Nährstoffbedarf. Eine gute Kompostversorgung ist ausreichend.

Vor dem ersten Frost

In warmen Regionen kann während des ganzen Winters geerntet werden. Häufeln Sie dann eine dicke Laubschicht um jeden Chinakohl.

Pak Choi

Einmachgurke

Kürbisgewächse

Kulturanleitung

Aussaat

DIREKT INS FREILAND

Ab Mitte Mai bis Anfang Juni bereiten Sie im Abstand von 50 cm Saatlöcher von 40 cm Durchmesser und 30 cm Tiefe vor. Geben Sie eine Schicht gut verrotteten Stallmist hinein und darüber Gartenerde.

Einmachgurken oder Cornichons werden in Essig eingelegt genossen. Diese Gurken lieben fruchtbare und lockere Böden, die ausreichend feucht sein müssen. Kälte schätzen sie gar nicht, aber regelmäßiges Gießen während der Sommerzeit.

Legen Sie in jedes derart vorbereitete Saatloch 2–3 Samen und bedecken Sie diese mit feinkörniger Erde. Festdrücken und mit feiner Brause gießen. Um zu keimen, brauchen die Samen eine Mindesttemperatur von 18 °C.

Gießen Sie die Gurken stets mit leicht warmen Wasser, auf kaltes Leitungswasser reagieren sie empfindlich. Die Blätter dürfen nicht benetzt werden.

Aussaatzeitpunkt:
Mai–Juni

Keimdauer:
6 Tage

Ernte:
Juli–Oktober

Ertrag:
Um den Bedarf eines Jahres zu decken, genügen 4 Pflanzen.

Gießen:

Krankheiten und Schädlinge:
Gurkenmosaik-Virus, Gurkenmehltau, Weiße Fliege

Ausdünnen

Wenn die jungen Pflanzen 2–3 schöne Blätter gebildet haben, etwa nach zwei Wochen, entfernt man aus jeder Gruppe die schwächsten Pflanzen und lässt nur 1–2 stehen.

Bedecken Sie den Boden mit einer geeigneten Mulchschicht (z.B. Grasschnitt, Stroh), damit der Boden nach dem Gießen länger feucht bleibt und damit die Cornichons nicht verunreinigt werden.

Während des Sommers müssen die Pflanzen reichlich gegossen werden.

Die Ernte

Drei Monate später, Anfang Juli, können Sie mit dem Ernten beginnen, wenn die Cornichons fingerdick und je nach Sorte 5–10 cm lang sind. Kontrollieren Sie die Pflanzreihen täglich, denn die Gurken wachsen sehr schnell.

Vor dem ersten Frost

Im Oktober werden die Gurkenpflanzen ausgerissen, verbrannt oder weggeworfen. Geben Sie sie nicht auf den Kompost, denn am Ende der Saison sind sie nur selten ganz frei von Krankheiten.

Empfehlenswerte Sorten

F1-Hybriden:
'Ceto', kaum krankheitsanfällig.
'Parigyno', sehr ertragreich und krankheitsresistent.
'Accordia', 'Melani', 'Passion'.

Endivie

Korbblütler

Kulturanleitung

Die genügsamen Endivien zählen zu den Salaten der Nachsaison bis zur Winterversorgung. Von Bedeutung sind zwei Varietäten: Die Breitblättrige Endivie oder Escariol mit glatten, gezähnten Blättern und die Krause Winterendivie oder Frisée-Endivie mit zerschlitzten Blättern.

Aussaat

DIREKT INS FREILAND

Im Juni/Juli flache Furchen ziehen, z.B. mit einer Jäthacke, und den Endiviensamen darin gleichmäßig verteilen.

Rechen Sie leicht etwas Erde auf die Samen. Die Erde mit dem Rücken des Rechens festdrücken und mit feiner Brause gießen. Gut feucht halten, bei einer Temperatur von 18–20 °C, bis die Blätter erscheinen.

Aussaatzeitpunkt: *Juni–Juli*
Keimdauer: *2–3 Tage*
Ernte:
Ab Ende September
Ertrag:
3 Endivienköpfe pro Reihenmeter
Gießen:

Krankheiten und Schädlinge:
Schnecken, Echter und Falscher Mehltau

Je schneller der Endiviensamen aufgeht umso besser, am besten in 2–3 Tagen. Dadurch sinkt das Risiko, dass die Pflanzen schossen (d.h. sehr rasch eintretende Blüte zu Lasten der Blattbildung) und die Blätter zu fest werden.

Vereinzeln

Nach etwa 15 Tagen, wenn die Pflanzen 5–6 cm hoch sind, ziehen Sie die schwächsten heraus, sodass nur alle 25–30 cm eine Pflanze stehen bleibt.

Pflanzen

Falls nötig, im Juli die noch wenig entwickelten (6–8 cm hohen) jungen Endivien in Reihen mit einem Abstand von 25–30 cm umpflanzen. Die Blattbasis muss über dem Boden liegen: Man spricht dann von freier oder flottierender Blattbasis.

Junge Endiviensetzlinge erhalten Sie auch in Gärtnereien oder im Fachhandel. Sie werden im Juli gesetzt.

Die Ernte

Etwa 10 Tage vor der Ernte, an einem sonnigen Tag, wird auf das Herz der kräfig entwickelten Endivien eine undurchsichtige Glocke oder ein umgekehrter großer Blumentopf aus Ton gesetzt (das Drainageloch vorher verstopfen).

Wenn die Herzblätter der Endivie gebleicht sind, schneiden Sie den Salatkopf mit einem Messer über dem Boden ab. Entfernen Sie die äußeren Blätter und werfen Sie sie auf den Komposthaufen.

Im Sommer muss regelmäßig gegossen werden, sonst werden die Blätter hart und bitter.

Vor dem ersten Frost

Wenn Sie Endivien stehen lassen, können Sie bis in den Winter hinein ernten. Bedecken Sie die Köpfe mit einer dicken Laubschicht, um das Bleichen zu fördern.

Empfehlenswerte Sorten

Escariol-Endivien: 'Grüne Große Krause'; 'Bubikopf', 'Golda', 'Jeti', selbstbleichend.

Frisée-Endivien: 'Wallonne', 'Elodie', 'Sally'.

Anbau von wilden Zichorien

Wilde Zichorien gehören ebenfalls zur Familie der Korbblüter und sind mit den Endivien verwandt. Sie sind bis -7 °C frosthart und können den ganzen Winter über Suppen bereichern. Zweimal kann geerntet werden: im Herbst und im Winter.

1

Von Mai bis August den Samen gleichmäßig in 35 cm auseinander liegenden flachen Saatfurchen verteilen, leicht mit Erde bedecken und mit dem Rücken eines Rechens festdrücken. Mit feiner Brause gießen und gut feucht halten, bis die ersten Blätter erscheinen.

2

8–10 Tage später entfernen Sie die schwächsten Pflanzen und belassen nur alle 15 cm eine wilde Zichorie.

3

Im September/Oktober wird geerntet. Schneiden Sie die Zichorie dicht über dem Boden ab. Eine zweite Ernte im Winter (Februar bis März) bringt kleinere, etwas bittere rötliche Köpfe.

★★

Erbsen

Leguminosen

Kulturanleitung

Erbsen mögen leichte, gut durchgearbeitete und im Sommer nicht zu feuchte Böden. Stark kalkhaltige oder sehr saure Böden sollten Sie meiden. Erbsen lieben es sonnig.

Aussaat

DIREKT INS FREILAND ★

Saatzeit ist in allen Regionen vom März bis Juni und in Gegenden mit milden Wintern im Oktober/November. Ziehen Sie mit der Doppelhacke 5 cm tiefe Furchen im Abstand von 40 cm.

Um das Keimen zu beschleunigen, am Vorabend oder am Tag der Saat die Samen einige Stunden in lauwarmem Wasser einweichen. Alle Samen, die oben schwimmen, werfen Sie weg, denn sie werden nicht aufgehen.

Legen Sie alle 5 cm einen Samen auf den Boden der Furche. Mit Erde zudecken und mit dem Rechen gut festdrücken.

Achtung: Frühe Saaten werden gerne von Vögeln verspeist, die um diese Jahreszeit in der freien Natur noch wenig Nahrung finden. Schützen Sie die Saat, indem Sie kreuz und quer Äste darüber legen oder ein Netz spannen.

Aussaatzeitpunkt:
März–Juni; Oktober/November (bei mildem Klima)

Keimdauer:
10 Tage

Ernte:
Juni–Oktober (Aussaat im Frühjahr); März (Aussaat im Herbst)

Ertrag:
etwa 10 Schoten pro Pflanze

Gießen:

Krankheiten und Schädlinge:
Echter Mehltau, Erbsenmosaikvirus, Blattläuse

Anderthalb Monate nach der Aussaat

Wenn die jungen Erbsen 5 Blätter haben, d.h. etwa 20 cm hoch sind, häufeln Sie längs der ganzen Reihe die Erde an, sodass ein 10 cm hohe Wall entsteht.

Stecken Sie zwischen die jungen Pflanzen 0,80 cm bis 1 m hohe stark verzweigte trockene Äste für die Buscherbsen und 2 m hohe Stangen für die hochrankenden Sorten.

Empfehlenswerte Sorten

Markerbsen haben runzelige Samenkörner, die sehr zuckerhaltig sind und lange zart bleiben. Palerbsen besitzen glatte Samenkörner, die schnell reifen und sich gut trocknen lassen. Zuckererbsen ist man mit Schale.

Markerbsen:
'Exzellenz', 'Markana', 'Salut'.

Palerbsen:
'Allerfrüheste Mai', 'Feltham First'.

Zuckererbsen:
'Normand', 'Delikata', 'Bamby'.

Die Ernte

3 ½ –4 Monate nach der Aussaat sind die noch grünen, prallen Erbsenschoten erntereif. Zwicken Sie sie am Stiel mit den Nägeln von Daumen und Zeigefinger ab. Zuerst werden die bodennahen Schoten reif. Die Ernte erfolgt in 2–3 Phasen hintereinander für die gleiche Saat, alle 2–4 Tage.

Um früher ernten zu können, schneiden Sie die Enden der Erbsenzweige über der 5. oder 7. Blütengruppe ab.

Gießen Sie im Sommer häufig und decken Sie den Boden (um die Pflanzen) mit getrocknetem Rasenschnitt oder Stroh ab.

Pflücken Sie Zuckererbsen, von denen man die (5 cm langen) Schoten isst, bevor sich die Samen bilden. Diese Schoten sind flach und saftig grün. Das Pflücken geht genauso vor sich, wie bei den Mark- und Palerbsen beschrieben.

Nach der Ernte

Reißen Sie die Reste der Pflanzen aus und werfen Sie sie auf den Komposthaufen, sofern sie keine Anzeichen von Krankheiten aufweisen. Andernfalls werden sie verbrannt.

Markerbsen sind sehr zuckerhaltig und bleiben lange zart. Sie eignen sich gut zum Einkochen und Einfrieren, man kann sie aber auch frisch verwenden.

Erdbeere

Rosengewächse

Kulturanleitung

Pflanzen

Graben Sie etwa 15 Tage vor dem Pflanzen im September das Beet tief um, entfernen alles Unkraut und arbeiten 8–10 kg reifen Kompost/m². In Reihen, die 35–40 cm auseinander liegen, werden Pflanzlöcher im Abstand von 25 cm gegraben.

In jedes Loch kommt eine Erdbeerpflanze. Achten Sie darauf, dass die Wurzeln senkrecht nach unten ragen. Die Sprossbasis muss gleichauf mit der Erdoberfläche liegen.

Breiten Sie die Wurzeln in alle Richtungen aus. Füllen Sie das Pflanzloch mit der vorhandenen Erde, die Sie gut festdrücken, und gießen Sie, sobald alle Erdbeerstauden gepflanzt sind.

Sie können Erdbeeren auch etwas später, im Herbst (Oktober), pflanzen oder im zeitigen Frühjahr (März). Die Pflanzen sind dann in Anzuchttöpfen erhältlich. Abgesehen davon, dass der Erdballen um die Wurzeln verbleibt, erfolgt das Pflanzen genauso wie oben beschrieben.

Am häufigsten werden bei uns die kleinfrüchtigen Monatserdbeeren oder Walderdbeeren und die großfrüchtigen Gartenerdbeeren angebaut. Sie lieben fruchtbare, tiefe Böden, die nicht zu kalkhaltig sein dürfen.

Pflanzzeitpunkt:
Mitte Juli–Anfang September; März

Einwurzelungszeit:
15–20 Tagen

Ernte:
Mai–Juni (einmaltragende); Juni–September (zweimaltragende)

Ertrag:
20 Stauden reichen für 4 Personen

Gießen:

Krankheiten und Schädlinge:
Echter Mehltau, Falscher Mehltau, Botrytis (Grauschimmel)

Empfehlenswerte Sorten

Frühe bis mittelfrühe Sorten: 'Senga Sengana', 'Kimberley', 'Polka'.

Mittelspäte Sorten: 'Asieta', 'Rapella'.

Walderdbeeren: 'Alexandria'.

Im folgenden Frühjahr

Im März/April Unkraut jäten. Harken Sie den Boden vorsichtig, ohne die Ausläufer zu verletzen und mischen Sie pro Staude eine gute Hand voll Kompost unter die Erde. Mulchen Sie den Boden mit einer 6–8 cm dicken Schicht aus Stroh oder Tannennadeln, um Schnecken fernzuhalten und die Bodenfeuchte zu bewahren.

Auf einer Stroh-Mulchschicht liegen die Erdbeeren trocken und sauber.

Bevor im Mai die ersten Erdbeeren reifen, wird ein Vogelnetz über die Stauden gelegt. Befestigen Sie es an den Rändern mit Steinen.

Gießen Sie im Sommer nur bei großer Trockenheit. Zu viel Wasser um die Erntezeit fördert eine Befall mit Botrytis (Grauschimmel).

Schneiden Sie im Juni die langen stark kriechenden Ausläufer, an deren Ende ein Büschel von Blättern sitzt ab. Starke Ausläufer können zur Vermehrung verwendet werden.

Nach drei guten Erntejahren müssen die Erdbeerstauden ausgerissen und neue an einer anderen Stelle im Garten gepflanzt werden. Warten Sie 3–4 Jahre, bevor Sie die alte Stelle wieder mit Erdbeeren bepflanzen.

Die Ernte

Die Erdbeeren werden geerntet, wenn sie schön rot sind, je nach Sorte von Mai bis Oktober. Die in der Frühe gepflückten Erdbeeren schmecken süßer. Knipsen Sie den Stiel mit den Nägeln von Daumen und Zeigefinger ab.

Je nach Sorte ernten Sie Erdbeeren nur etwa drei Wochen: im Mai/Juni (großfrüchtige nicht klimmende Pflanzen); im Juni/Juli sowie von Ende August bis Anfang Oktober (großfrüchtige klimmende); von Juni bis Oktober (Monatserdbeeren).

Der Anbau von Monatserdbeeren

1

Zwischen Ende Juli und Anfang August weicht man die Samen 48 Stunden lang in lauwarmem Wasser ein.

2

In einer mit Aussaaterde gefüllten Pflanzschale werden die eingeweichten Samen gleichmäßig verteilt.

3

Bedecken Sie die Saat mit einer dünnen Schicht feinkörniger Erde, drücken Sie sie mit einem Brettchen fest und gießen Sie mit feiner Brause. Stellen Sie die Pflanzschale an einen schattigen, geschützten Platz. Halten Sie die Erde 15 Tage lang recht feucht, bis die ersten Blätter erscheinen.

4

Wenn die jungen Pflanzen anderthalb Monate später 3–4 Blätter gebildet haben, topfen Sie sie im Abstand von 15 cm ins Anzuchtbeet um.

5

Gegen Ende September/Anfang Oktober haben die jungen Pflanzen 6–8 Blätter. Pflanzen Sie sie im Abstand von 30 cm an ihren endgültigen Platz. Sie können mit dem Umpflanzen auch bis zum nächsten Frühjahr warten.

Von da an können Sie Ihre Monatserdbeeren genauso behandeln wie die großfrüchtigen Pflanzen.

★★

Feldsalat, Rapunzelsalat

Baldriangewächse

Kulturanleitung

Feldsalat kann vom Herbst bis zum Frühling durchgängig geerntet werden. Er liebt festen Boden: Graben Sie daher das vorgesehene Beet nicht um, sondern lockern Sie die Erde nur oberflächlich und treten Sie nach dem Säen den Boden mit den Füßen fest.

Aussaat

REIHENSAAT ★

Von Mitte August bis Ende September verteilen Sie den Samen gleichmäßig in flache Furchen. Die Furchen mit Erde verschließen und mit dem Rücken des Rechens festdrücken. Gießen Sie mit feiner Brause. Halten Sie das Beet feucht, bis nach etwa 7–20 Tage die ersten Blätter erscheinen.

BREITWÜRFIGE SAAT ★★

Streuen Sie den Samen gleichmäßig mit einer halbkreisförmigen Bewegung aus der hohlen Hand auf das vorgesehene Beet.

Ziehen Sie den Rechen locker über das Beet. Drücken Sie den Boden mit dem Rücken des Rechens fest und gießen Sie mit feiner Brause.

Schützen Sie Ihre Pflanzen vorsorglich, indem Sie Schnecken-Granulat (auf Metaldehyd- oder Methiocarb-Basis) streuen. Nach jedem Regen wiederholen.

Aussaatzeitpunkt:
Mitte August–September

Keimdauer:
8 Tage

Ernte:
September–März

Ertrag:
Ein Samentütchen ergibt genug Salat für eine vierköpfige Familie.

Gießen:

Krankheiten und Schädlinge:
Mehltau (bei anhaltend warmem Wetter), Schnecken

Ausdünnen

Einen Monat nach der Aussaat haben die jungen Rapunzelpflanzen 3–4 Blätter. Rupfen Sie die schwächsten Pflanzen aus und lassen Sie nur alle 10 cm eine stehen.

Gießen Sie im Sommer häufig. Um den Boden während der Keimdauer recht feucht zu halten, können Sie ihn z.B. mit Stroh, Rasenschnitt oder Kohlblättern abdecken.

Empfehlenswerte Sorten

Für die Herbsternte: 'Holländischer Breitblättriger', 'Jade', 'Gala', 'Dante'.

Für die Winterernte: 'Topaze', 'Trophy', 'Elan', 'Dunkelgrüner Vollherziger'.

Die Ernte

Je nach Zeitpunkt der Aussaat werden von September bis März bei Bedarf Feldsalatrosetten über dem Boden abgeschnitten.

Vor dem ersten Frost

In kalten Gegenden bedeckt man die Pflänzchen mit einer Laubschicht oder mit einem Stück Wachstumsfolie.

Im folgenden Frühjahr arbeiten Sie eventuell übrig gebliebenen Feldsalat als organische Substanz beim Umgraben des Beetes in den Boden ein.

Gartenkresse

Kreuzblütler

Kulturanleitung

Aussaat

Direkt ins Freiland

Streuen Sie von März bis Oktober alle zwei Wochen ein wenig Komposterde auf ca. 1 m² Gartenfläche. Darauf säen Sie breitwürfig und gleichmäßig verteilt den Samen. Gehen Sie oberflächlich mit dem Rechen darüber und gießen Sie mit feiner Brause. Die ersten Kresseblättchen sprießen innerhalb von 24 Stunden.

Gartenkresse hat einen scharfen pfeffrigen Geschmack. Sie liebt ständig feuchten Boden mit viel organischen Substanzen. Am Anfang und am Ende der Saison braucht sie Sonne, im Sommer aber muss sie im Schatten stehen!

Gießen Sie ganz regelmäßig, damit der Boden während der gesamten Anbauzeit feucht bleibt. So vermeiden Sie eine vorzeitige Blüte (bevor die Blätter geerntet werden) und eine Invasion von Blattkäfern.

Empfehlenswerte Sorten

Im Handel gibt es unzählige Sorten. Wählen Sie ganz nach Belieben aus.

Die Ernte

Etwa 3–4 Wochen nach der Aussaat schneiden Sie die Kressestängel über dem Boden ab.

Aussaatzeitpunkt:
März–September

Keimdauer:
24 Stunden

Ernte:
April–November

Gießen:

Krankheiten und Schädlinge:
Blattkäfer

★★

Grünkohl, Braunkohl

Kreuzblütler

Kulturanleitung

Grünkohl bildet keine Köpfe; vielmehr verzehrt man seine großen krausen Blätter. Weil sie sehr kälteresistent ist, wird diese Pflanze viel im Norden angebaut. Wie jeder Kohl mag der Grünkohl tiefen, fruchtbaren Boden. Er fürchtet die Trockenheit im Sommer und verträgt leichten Schatten.

Aussaatzeitpunkt: *Mai–Juni*
Keimdauer: *5 Tage*
Ernte: *Nicht vor dem ersten Frost bis März*
Ertrag: *3 Grünkohlpflanzen pro Reihenmeter*
Gießen:

Krankheiten und Schädlinge: *Großer Kohlweißling, Kohlfliege, Weiße Fliege*

Aussaat

INS ANZUCHTBEET ★

Zwischen Mai und Juni breitwürfig aus der hohlen Hand säen; ein Tütchen Samen reicht für 1 m². Verteilen Sie die Samenkörner gleichmäßig. Eine dünne Schicht Erde darüberrechen, mit dem Rücken des Rechens festdrücken und mit feiner Brause gießen.

Vereinzeln

Drei Wochen später zieht man mit den Fingern die schwächsten Pflanzen heraus und lässt alle 5 cm nur ein Grünkohlpflänzchen stehen.

Empfehlenswerte Sorten

'Fribor'; 'Niedriger Grüner Krauser'; 'Winterbor' (sehr frosthart).

Pflanzen

Zupfen Sie anderthalb Monate nach der Aussaat die gut entwickelten Pflanzen, die 4–6 Blätter haben, vorsichtig aus der Erde und pflanzen Sie sie sofort in den Gemüsegarten. Sie sollen bis an die Basis der Blätter in der Erde stecken.

In manchen Gärtnereien können Sie vorgezogene Grünkohlpflanzen in Anzuchttöpfen kaufen. Diese werden zwischen Mitte Juni und Mitte Juli wie selbst gezogene Setzlinge gepflanzt.

Die jungen Grünkohlpflanzen setzen Sie 40–50 cm auseinander in Reihen, die einen Abstand von 50 cm haben. Setzen Sie die Pflanzen bis zur Basis der Blätter in die Erde. Die Erde rundherum gut festdrücken und reichlich angießen.

Die Ernte

Von Ende Oktober bis März werden die Blätter an der Basis der Pflanze abgepflückt, indem man sie mit einem glatten Schnitt vom Strunk abtrennt.
Erst nach der Einwirkung tieferer Temperaturen steigt der Zuckergehalt an und das Aroma entfaltet sich.

Gießen Sie den Fuß des Grünkohls im Sommer regelmäßig und mulchen Sie den Boden mit Stroh oder Flachshäcksel, um die Feuchtigkeit länger im Boden zu halten.

Im kommenden Frühjahr

Grünkohl ist zweijährig und kommt im März oder April des folgenden Jahres zur Blüte. Die geschlossenen Blütenknospen schneiden Sie ab, um sie zu essen. Der Rest der Pflanze wird weggworfen.

Japanknolle

Lippenblütler

Kulturanleitung

Pflanzen

Ende Februar oder im März pflanzt man im Gemüsegarten jeweils 3–4 Knollen etwa 15 cm tief in Saatlöcher mit einem Abstand von 40 cm.

Häufeln Sie Ende August um die jungen Pflanzen einen kleinen Erdwall.

Die Japanknolle oder Japanische Artischocke ist eine kleine unregelmäßig geformte, längliche blassgelbe Knolle. Sie bevorzugt leichte, nicht zu feuchte Böden, verträgt aber keine Trockenheit. Geben Sie ihr einen sonnigen Standort. Die Knollen sind nicht frostempfindlich, können also im Boden verbleiben.

Pflanzzeitpunkt:
Ende Februar–März

Keimdauer:
3 Wochen

Ernte:
Ab November

Ertrag:
1 kg/m²

Gießen:

Krankheiten und Schädlinge:
Keine bekannt

Die Ernte

Anfang November, wenn die Blätter der Pflanze trocken werden, zieht man die Knollen bei Bedarf aus dem Boden, indem man längs der Reihe eine Grabegabel einsticht und wie mit einem Hebel die Knollen herausbefördert. Sie sollten sofort verbraucht werden, da sie nach dem Ernten sehr schnell vertrocknen. Um zu vermeiden, dass sie an der Luft welken, können Sie sie in Sand einschlagen.

Empfehlenswerte Sorten

Besorgen Sie sich verjüngte Pflanzen aus dem Handel, die garantiert keine Viruskrankheiten haben.

Lassen Sie ein paar Pflanzen in der Erde stehen, die später verpflanzt werden können. Ab März, unmittelbar vor dem Pflanzen, aus dem Boden nehmen.

Vor dem ersten Frost

Bedecken Sie den Boden um die Pflanzen mit Laub oder Stroh, damit er nicht gefriert. Sie können dann während des ganzen Winters ernten.

Säubern Sie die Knollen vor dem Zubereiten, indem Sie sie in einem Küchentuch mit grobem Salz abreiben. Sie können sie aber auch bürsten.

★★★

Karde, Spanische Artischocke

Korbblütler

Kulturanleitung

Aussaat

In Anzuchttöpfen ★★★

Säen Sie im April je 2–3 Samenkörner in Anzuchttöpfe und bedecken Sie sie etwa 1 cm dick mit Anzuchterde. Drücken Sie die Erde mit den Fingern fest und gießen Sie reichlich, bis die ersten Blätter erscheinen.

Stellen Sie die Anzuchttöpfchen am besten in den Frühbeetkasten.

Aussaat ins Freiland ★★

Ziehen Sie im Mai 1–2 cm tiefe Furchen im Abstand von 1,50 m. Legen Sie je 4–5 Samen im Abstand von 80–100 cm in die Furche. Erde darüberschichten und großzügig mit feiner Brause gießen.

Zwar ist die Karde eine mehrjährige Pflanze, doch wird sie meist als einjähriges Gemüse kultiviert. Sie mag fruchtbare, tiefe und im Sommer kühle Böden. Geben Sie ihr einen sehr sonnigen Standort.

Aussaatzeitpunkt:
Im April (Frühbeet); im Mai (Freiland)

Keimdauer:
2 Wochen

Ernte:
September–März

Ertrag:
Für eine vierköpfige Familie sind 2–3 Karden ausreichend.

Gießen:

Krankheiten und Schädlinge:
Falscher Mehltau

Empfehlenswerte Sorten

'Plein blanc inerme' mit leicht bleichenden Stielen ohne Dornen.

'Vert de Vaulx-en-Velin', kratzig, aber gut lagerfähig.

'Blanco' mit Stielen, die auf natürliche Weise bleichen.

Ausdünnen

3–4 Wochen nach der Aussaat belassen Sie nur die kräftigste Pflanze in den Anzuchttöpfchen. Halten Sie sie weiter im offenen Frühbeetkasten.

Wie die Artischocke ist die Karde ein sehr anspruchsvolles Gemüse. Geben Sie in jedes Pflanzloch eine Schaufel gut verrotteten Stallmist.

Ebenso bei der Aussaat im Freiland die schwächsten Sämlinge entfernen und auf 1 m vereinzeln.

Pflanzen

Anfang Mai die jungen Karden aus den Anzuchttöpfen mit einem Reihenabstand von 1,50 m und einem Abstand in der Reihe von 1 m ins Beet pflanzen. In kalten Regionen bis Mitte Mai die Jungpflanzen mit einem Folientunnel schützen.

Wenn Sie weder die Zeit noch den nötigen Platz haben, um Karden zu säen, besorgen Sie sich Setzlinge aus einer Gärtnerei. Diese werden, wie die selbst gezogenen Pflänzchen, ab Mitte Mai gesetzt.

So werden Karden gebleicht

Um zarte Stiele zu erhalten ist ratsam, die Karden zu bleichen. Rechnen Sie 15 Tage bis 3 Wochen für eine verzehrsfertige Karde. Bleichen Sie die Karden nur nach Bedarf, denn mit dem Bleichen nimmt auch die Haltbarkeit ab.

1

An einem sonnigen Tag Ende September, wenn die Blätter schön trocken sind, die Stiele oben rohrförmig zusammenbinden.

2

Die Stiele mit einer Strohmatte oder einem Stück schwarzer Plastikfolie umwickeln und zusammenbinden. Wenn Sie die Blätter auseinander schieben, können Sie feststellen, ob sie gebleicht sind.

Die Ernte

Um zu vermeiden, dass die Kardenstiele hart und bitter werden, gießen Sie im Sommer jede Pflanze einmal wöchentlich mit etwa 10 l Wasser. Jede zweite Woche geben Sie Stickstoffdünger oder verdünnte Brennnesselbrühe ins Gießwasser. Bedecken Sie ab Juni den Boden mit Mulch, das mindert die Verdunstung und hemmt das Sprießen von Unkraut.

Wenn im Spätsommer (Anfang September) die Stiele schön fleischig sind, schneiden Sie bei Bedarf die (je nach Geschmack) gebleichten oder naturbelassenen Karden kurz über dem Boden an der Basis der Blätter ab.

Vor dem ersten Frost

Reißen Sie alle Karden mit den Wurzeln aus und setzen Sie sie im Keller in eine Kiste mit Sand. Auf diese Weise können Sie das Gemüse lagern und über den Winter verzehren.

Karotte, Möhre

Doldengewächse

Kulturanleitung

Aussaat

In Reihen ★

Zwischen März und Juli (in sehr mildem Klima ab Februar oder im Oktober/November), nachdem Sie den Boden gut durchgearbeitet haben, ziehen Sie entlang einer gespannten Schnur flache Furchen im Abstand von 25–30 cm. Mithilfe einer Handsämaschine verteilen Sie die feinen Samen gleichmäßig in der Saatrille.

Die Furchen mit Erde bedecken und sacht mit dem Rücken des Rechens andrücken. Befeuchten Sie den Boden mit sanftem Regen aus einer Gießkanne oder einem Gartenschlauch mit Brause.

Karottensamen gibt es auch als Saatband, in das die Samenkörner in regelmäßigen Abständen eingelassen sind. Das Saatband braucht nur wie die gewohnten Samen in die Saatfurche gelegt und mit Erde bedeckt zu werden.

Denken Sie daran, an einem Ende der Saatreihe ein Schildchen mit der Bezeichnung des Saatguts in den Boden zu stecken.

Karotten lieben feuchtes, gemäßigtes Klima und bis in die Tiefe lockere, kühle Böden, die reich an organischen Stoffen sind. Im Herbst vor der Aussaat graben Sie den Boden um, entfernen gründlich das Unkraut und arbeiten Kompost oder gut verrotteten Stallmist ein.

Aussaatzeitpunkt:
März–Juli; Oktober/November oder Februar (im Süden)

Keimdauer:
10–20 Tage

Ernte:
Juli–November;
April und Mai (im Süden)

Ertrag:
1–5 kg pro Reihenmeter (je nachSorte)

Gießen:

Krankheiten und Schädlinge:
Möhrenfliege, Nematoden, Schnecken

Empfehlenswerte Sorten

Aussaat im Herbst: 'Amsterdam' kurz; 'Carentan' mittelgroß; 'Touchon' mittelgroß.

Aussaat im Frühjahr: 'Pariser Markt' rund; 'Nantaise 2' mittelgroß ; 'Gonsenheimer Treib' schnellwüchsig.

Aussaat im Sommer (Karotten zum Lagern): 'Lange Rote Stumpfe ohne Herz', 'Juwarot', 'Rothild'.

BREITWÜRFIGE AUSSAAT ★★★

Zwischen April und Juli, nachdem Sie den Boden sorgfältig vorbereitet und eingeebnet haben, nehmen Sie die Samen in die hohle Hand und werfen sie halbkreisförmig in das Beet.

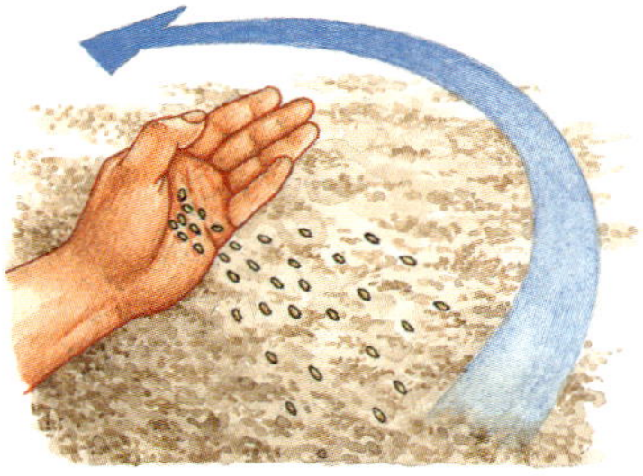

Dann verteilen Sie mit dem Rechen eine dünne Erdschicht über den Samen und gießen mit feiner Brause.

Um Schäden durch Möhrenfliegen auszuschließen, kann über das Möhrenbeet ein feinmaschiges Netz gespannt werden, das die Fliegen am Ablegen ihrer Eier hindert.

Mischen Sie Karottensamen mit Radieschensamen, so erreichen Sie eine gleichmäßigere Verteilung. Letztere gehen schneller auf und markieren dadurch die Saatreihe. Außerdem halten Radieschen Spinnmilben fern.

Ausdünnen

Etwa 3–4 Wochen nach der Aussaat sind die jungen Karotten 3–4 cm hoch. Reißen Sie die schwächsten Pflänzchen aus, sodass je nach Sorte und Größe nur alle 5–10 cm eine Karotte steht.

Die Ernte

Frühe, mittelfrühe und späte Möhren werden von Juni–Oktober stets frisch und nach Bedarf geerntet. Heben Sie die Erde mit der Grabegabel etwa 15–20 cm von der Pflanzreihe entfernt locker an. Dabei kann das begehrte Gemüse herausgehoben werden. Fassen Sie das Kraut an der Basis und ziehen Sie.

Brechen Sie das Kraut sofort durch eine Drehung der Hände gegeneinander ab, und werfen Sie es auf den Kompost. Als Zutat in Suppen ist es aber auch sehr schmackhaft.

Vor dem ersten Frost

An einem sonnigen Tag alle übrig gebliebenen Karotten ausreißen und vor der Einlagerung am Boden trocknen lassen. Alle beschädigten, angefressenen oder kleinen Exemplare aussortieren und rasch verbrauchen.

Das Kraut knapp über dem Wurzelgrund abschneiden und die Möhren in eine Kiste abwechselnd mit einer Schicht Sand einbetten. An einem kühlen Ort im Dunkeln lagern.

In Gegenden mit mildem Klima und eher trockenen Böden im Winter können die Karotten im Boden überwintern. Schneiden Sie das Kraut über dem Boden ab und bedecken Sie das Beet mit einer mindestens 10 cm dicken Laubschicht.

★★

Kartoffel

Nachtschattengewächse

Kulturanleitung

Pflanzen

Pflanzzeit ist ab April, sobald die Bodentemperatur 10 °C beträgt. Ziehen Sie mit der Hacke oder dem Spaten 10 cm tiefe Furchen im Abstand von 40–50 cm je nach Erntezeit der Sorten (Frühkartoffeln werden enger gepflanzt).

Legen Sie die gekeimten Knollen im Abstand von 35–40 cm mit den Keimen nach oben auf den Boden der Furche, bei frühen Sorten etwas enger als bei den späteren. Schieben Sie mit dem Rechen vorsichtig Erde in die Furchen, ohne sie festzudrücken.

In südlichen Ländern werden Kartoffeln im August an gut geschützte und sonnige Stellen gepflanzt. Im Winter kann man sie dann ernten.

Die Kartoffel ist recht anspruchslos, wächst aber besser in etwas saueren, gut aufgelockerten und fruchtbaren Böden. Arbeiten Sie im Herbst vor dem Pflanzen 3 kg/m² reifen Mist (oder Kompost) und einen kaliumbetonten Volldünger ein. Sie hinterlässt einen lockeren Boden und eignet sich gut als Vorfrucht.

Pflanzzeitpunkt:
April
Ernte:
Mai–Oktober, je nach Sorte und Pflanzzeit
Ertrag:
1–2 kg pro Pflanze
Gießen:
nicht nötig
Krankheiten und Schädlinge:
Kraut- und Knollenfäule, Kartoffelkäfer

Drei Wochen nach dem Pflanzen

Harken Sie die Kartoffeln und jäten Sie das Unkraut, das sich in den Reihen ausgebreitet hat.

Empfehlenswerte Sorten

Frühe Sorten:
'Rosabelle', 'Lola', 'Sieglinde', 'Christa'.

Mittelfrühe Sorten:
'Bintje', 'Claustar', 'Granola', 'Grata', 'Hansa'.

Späte Sorten:
'Kerpondy', 'Astrid', 'Datura'.

Anhäufeln

Ungefähr sechs Wochen nach dem Setzen sind die Kartoffelpflanzen etwa 15 cm hoch geworden. Harken Sie erneut und häufeln Sie die Erde um die Pflanzen an.

Wenn die Kartoffelpflanzen 25 cm hoch sind, harken Sie die Erde so an die Pflanzen heran, dass sich ein etwa 20 cm hoher Wall bildet.

Alte Kartoffelsorten kommen heute wieder in Mode: Es gibt rote und blaue oder hörnchenförmige ('Bamberger Hörnchen'). Sie sind nicht so ertragreich, schmecken aber oft viel intensiver als herkömmliche Züchtungen.

Wie man Saatkartoffeln zum Keimen bringt

Kartoffeln werden aus kleinen Knollen, den so genannten Saatkartoffeln, kultiviert, die entweder aus der vorhergehenden Ernte ausgewählt oder gekauft werden (achten Sie auf den Hinweis: virusfrei!). Sie können so wie sie sind gepflanzt werden, für eine frühere Ernte ist es ratsam, die Knollen vorzukeimen. Natürlich können Sie auch vorgekeimte Saatkartoffeln kaufen, das Vorkeimen geht aber auch problemlos zuhause.

1

Einen Monat vor dem vorgesehenen Pflanzdatum legen Sie die Saatkartoffeln in einer Schicht reihenweise in Kisten. Diese stellen Sie an einem kühlen Platz bei etwa 10 °C ins Helle.

2

Einen Monat später suchen Sie zum Pflanzen die festen Knollen heraus, die nicht schrumpelig sind und kurze, aufrecht stehende Keime (nicht länger als 1 cm) tragen.

Die Ernte

Sobald Blätter und Stängel gelb werden, können die Kartoffeln geerntet werden. An einem sonnigen, trockenen Tag lockern Sie mit der Hacke oder der Grabegabel vorsichtig quer zur Reihe die Erde um jede Kartoffelpflanze. Streifen Sie die Erdklumpen von den ausgehobenen Knollen und lassen Sie diese neben der Pflanzreihe einen Tag lang trocknen.

Nachdem die Kartoffeln trocken sind, entfernen Sie die anhaftende Erde. Sortieren Sie die grünen Knollen aus und verbrauchen Sie die beim Ernten mit der Hacke beschädigten möglichst schnell.

Schichten Sie die gesunden Knollen in mehreren Lagen in Kisten, die Sie abdecken. Die Kisten stapelt man übereinander an einem dunklen, kühlen und sehr luftigen Ort, dessen Temperatur nicht mehr als 5–8 °C beträgt.

Das Überwintern

Kontrollieren Sie die eingelagerten Kartoffeln regelmäßig und brechen Sie Keime ab, sobald Sie welche entdecken. Sortieren Sie die Knollen aus, die grün werden.

Gegen Mitte Dezember kann man ein Keimhemmungsmittel auf der Basis von Chlorpropham über die Kartoffeln stäuben, um frühzeitiges Keimen zu verhindern. Achten Sie darauf, dass alle Kartoffeln bestäubt werden.

Vor dieser Behandlung sortieren Sie gegebenenfalls die Knollen aus, die Sie im kommenden Frühjahr als Saatkartoffeln verwenden wollen.

Knoblauch

Liliengewächse

Kulturanleitung

Stecken

Im Oktober–November wird der weiße und der violette Knoblauch gesteckt, der rosafarbene im Februar–März. Legen Sie die Zehen in Reihen mit einem Abstand von 20–25 cm. Eine gerade Reihe bekommen Sie, indem Sie eine Schnur spannen. Mit den Fingern drücken Sie alle 10–15 cm eine Knoblauchzehe mit der Spitze nach oben 1–2 cm tief in die Erde.

Knoblauch liebt Sonne und humose Böden, die aber nicht zu nährstoffreich sein sollten. Ständige Feuchtigkeit lassen die Zehen im Boden verfaulen. Weißer Knoblauch reift zuerst, hält sich aber nur bis Dezember, während der rosafarbene besser lagerfähig ist. Der lila Knoblauch hat das kräftigste Aroma.

Zum Pflanzen können Sie normalen Küchen-Knoblauch verwenden, besser kaufen Sie aber spezielle Steckzwiebeln: Auf der Packung befindet sich nämlich ein Hinweis auf Virenfreiheit. Pflanzen Sie stets die fleischigsten Zehen, die sich am äußeren Rand der Knolle befinden.

Bei schwerem Boden pflanzen Sie ausschließlich im Frühjahr. Ziehen Sie parallele Furchen und setzen Sie die Zehen in die aufgeworfene Erdreihe.

Pflanzzeitpunkt:
Im Oktober–November (weißer und violetter Knoblauch); im Februar–März

Ernte:
Ab Juni

Ertrag:
1 Knoblauchzehe = 1 Knolle

Gießen:
nicht erforderlich

Krankheiten und Schädlinge:
Zwiebelfliege, Rost

Einen Monat nach dem Stecken

Lockern Sie mit einer Gartenhacke trockene Erde, die sich um die jungen Pflanzen gebildet hat. Bei dieser Arbeit, die zwei- bis dreimal wiederholt werden muss, können Sie gleichzeitig das Unkraut jäten.

Empfehlenswerte Sorten:

Knoblauch kann bis jetzt nur vegetativ vermehrt werden, sodass Sorten eigentlich eher Herkünfte sind:

Thüringer, Echo: Deutschland.

Laaer: Österreich.

Messidrome: Frankreich.

Knoblauch verträgt sich gut mit z.B. Tomaten, Gurken, Möhren, nicht dagegen mit Kohlgemüse und Erbsen.

Im Süden wird Knoblauch, ob weiß, rosa oder violett, generell im Herbst gepflanzt und ab Juni geerntet.

Im Juni

Meist liegen die Blätter des Knoblauchs von Natur aus auf dem Boden und verfärben sich gelb. Falls sie fest bleiben, drücken Sie sie mit dem Fuß gegen ihren Grund. Sie können die Blätter auch zu einem Knoten schlingen. Dadurch konzentriert sich der Saft in der Knolle.

Ein paar Tage nach dieser Prozedur können Sie bei feuchtem Boden vorsichtig an der Basis der Blätter ziehen, um den oberen Teil der Knolle ein wenig freizulegen. Danach hebt der Knoblauch sich besser auf.

Die Ernte

Zum Ernten wählen Sie einen sonnigen Tag. Wenn die Blätter trocken sind, im Süden ab Juni beim weißen und violetten Knoblauch, ansonsten im Juli oder Anfang August bei der rosa Knolle, heben Sie die Knollen mit der Grabegabel aus der Erde, ohne sie zu beschädigen.

Lassen Sie sie einen ganzen Tag oder auch 2–3 Tage an Ort und Stelle trocknen.

Legen Sie die Knoblauchknollen in Kisten, jeweils in nur einer Schicht. Sie können sie auch bündeln oder mit den Blättern zum Zopf flechten. Lagern Sie ihre Ernte an einem luftigen, trockenen, kühlen Ort bei möglichst konstanter Temperatur.

★★

Knollenfenchel

Doldengewächse

Kulturanleitung

Der Knollenfenchel ähnelt im Aussehen dem Dill. Man verwendet in der Küche die dachziegelartig übereinander liegenden fleischigen Verdickungen der Blattstiele. Der Fenchel liebt humosen, feuchten, aber durchlässigen Boden, der eher kalkhaltig ist.

Aussaatzeitpunkt:
April–Mitte Juli
Keimdauer:
10 Tage
Ernte:
Juli–Oktober
Ertrag:
4–5 Fenchelknollen pro Reihenmeter
Gießen:
Krankheiten und Schädlinge:
Schnecken, Falscher Mehltau

Aussaat

INS ANZUCHTBEET ★★

Nachdem Sie im März/April den Boden sorgfältig vorbereitet haben, kann ins Anzuchtbeet gesät werden. Verteilen Sie den Samen mit halbkreisförmigen Bewegungen der Hand auf dem Beet.

Bedecken Sie die Samen etwa 1 cm dick mit feinkörniger Erde, die Sie anschließend mit dem Rücken des Rechens festdrücken. Mit feiner Brause gießen und die Erde feucht halten, bis etwa 15 Tage später die ersten Blätter sprießen.

AUSSAAT DIREKT INS FREILAND ★

An einer warmen, windgeschützten Stelle ziehen Sie zwischen April und Anfang August 1 cm tiefe Furchen im Abstand von 35–40 cm. Darin verteilen Sie gleichmäßig die Samen.

Empfehlenswerte Sorten

'Latina', Aussaat ab Anfang Juli.

'Zefa fino', schossfest, für die frühe Aussaat.

'Cantino', Aussaat April-Ende Juni.

'Zefa Tardo', Aussaat ab Juni.

Schließen Sie die Furchen mit dem Rechen, drücken Sie die Erde fest und gießen Sie mit feiner Brause, bis die ersten Blätter erscheinen, was mitunter 10 Tage dauert.

Im südlichen Gegenden erfolgt die Aussaat von Mitte Juli bis Ende August. Der Fenchel wird dann im Winter geerntet, von Dezember bis März.

Pflanzen

Ungefähr sechs Wochen nach der Aussaat ins Anzuchtbeet, wenn die Pflanzen 10 cm hoch sind, werden sie vorsichtig aus der Erde genommen und sofort ins Gemüsebeet gesetzt. Lassen Sie zwischen den Pflanzen 30 cm, zwischen den Reihen 35 cm Abstand.

In Gärtnereien können Sie Fenchelpflanzen kaufen, die bereits in Anzuchttöpfen vorgezogen sind. Diese pflanzen Sie im Mai/Juni an Ort und Stelle.

Ausdünnen

Etwa 6–7 Wochen nach der Aussaat im Gemüsebeet sind die jungen Fenchelpflanzen ungefähr 12–15 cm hoch. Entfernen Sie die schwächsten und lassen Sie alle 25 cm nur eine Pflanze stehen.

15 Tage vor der Ernte

Wenn die Blattbasis sich zu verdicken beginnt, häufeln Sie mit einer Jäthacke Erde um die Pflanzen an, um die Knollen zu bleichen: der kleine Wall soll doppelt so hoch wie die Blattbasis, also etwa 15–20 cm hoch sein.

Gießen Sie während des Sommers reichlich, damit der Fenchel nicht ins Kraut schießt; dann bildet er nämlich Blüten zu Lasten des genießbaren Teils, der Knolle.

Die Ernte

Ab Mitte Juni, 3 ½ Monate nach der Aussaat, ernten Sie die Knollen nach Bedarf. Heben Sie den Fenchel vorsichtig mit der Spatengabel an und ziehen Sie an den Blättern, um die Knolle auszureißen.

Vor dem ersten Frost

Die restlichen Fenchel ziehen Sie mit dem Wurzelballen heraus, bevor die ersten Fröste auftreten.

Graben Sie die Knollen bis an die Basis der Blätter in eine Kiste mit Sand oder Torf ein und lagern Sie sie im Keller. So halten sie sich zwei Monate.

★★★

Knollensellerie

Doldengewächse

Kulturanleitung

Der Knollensellerie ist nahe verwandt mit dem Stangensellerie und liebt einen sonnigen Standort mit fruchtbarem, tiefgründigen Boden. Eine gute Wasserversorgung, vor allem im Sommer, ist wichtig. Die runden Wurzelknollen werden im Herbst und während des ganzen Winters verzehrt.

Aussaatzeitpunkt:
Mitte März–Mitte Mai

Keimdauer:
10–20 Tage

Ernte:
ab Oktober

Ertrag:
3–4 Sellerieknollen pro Reihenmeter

Gießen:

Krankheiten und Schädlinge:
Möhrenfliege

Aussaat

In der Pflanzschale ★

Mitte März Knollenselleriesamen gleichmäßig in einer Pflanzschale verteilen, die mit recht feuchter Aussaaterde gefüllt ist.

Drücken Sie die Erde mit einem Holzbrettchen fest und decken Sie mit einer Glasscheibe ab. Geben Sie der Pflanzschale eine warmen (18–20 °C), sonnigen Standort. Die Erde feucht halten, bis die ersten Blätter erscheinen.

Empfehlenswerte Sorten:

'Niva', winterhart und kräftig.

'Bergers weiße Kugel', 'Mars', 'Regent', weißkochende Knollen, widerstandsfähig gegen Blattflecken.

'Monarch', resistent gegen Septoria.

AUSSAAT IM ANZUCHTBEET ★

Wählen Sie für die Aussaat von Mitte April bis Mitte Mai eine geschützte Stelle, die Sie zuvor bearbeiten, einebnen und gut durchfeuchten. Die optimale Temperatur beträgt 15 °C. Holzbretter, halb in die Erde versenkt, begrenzen das Anzuchtbeet, das nur wenig größer ist als die Pflanzschale.
Samen gleichmäßig verteilen und mit wenig feinkörniger dünn Erde bedecken.

Drücken Sie die Oberfläche mit dem Rücken eines Rechens oder mit einem kleinen Brett fest und gießen Sie mit feiner Brause. Gut feucht halten, bis die ersten Blätter erscheinen.

Umpflanzen

Anderthalb Monate nach der Aussaat Pflänzchen mit 2 Blättern ins Anzuchtbeet umsetzen, bzw. im Anzuchtbeet auf 10 cm vereinzeln. Zuvor die Nebenwurzeln einkürzen. Nach dem Einpflanzen großzügig gießen.

Vereinzeln Sie einen Monat später, wenn sich 4–5 Blätter gebildet haben, erneut auf etwa 20 cm Abstand, nachdem Sie zuvor die Wurzeln beschnitten haben. Nach dem Umpflanzen reichlich gießen.

Sie können auch in Gärtnereien vorgezogene Setzlinge in Anzuchttöpfen kaufen. Diese pflanzen Sie dann im Mai genauso wie die aus Samen selbst gezogenen Pflanzen.

Pflanzen

Nach den Eisheiligen pflanzt man den Knollensellerie im Abstand von 35 x 40 cm. Füllen Sie zuvor gut verrotteten Kompost in die Pflanzlöcher und gießen Sie nach dem Pflanzen großzügig.

Die Ernte

Ab Oktober sind die Knollen reif, wenn die äußeren Blätter zu welken beginnen. Nehmen Sie beim Herausziehen die Grabegabel zu Hilfe. Packen Sie den Sellerie an der Basis der Blätter und ziehen Sie sacht.

Gießen Sie die Sellerieknollen den ganzen Sommer über direkt am Wurzelballen.

Die Blätter durch eine Gegendrehung entfernen und zum Würzen von Suppen verwenden oder auf den Kompost werfen.

Vor dem ersten Frost

Vor dem ersten Frost an einem sonnigen Tag sämtliche Knollen wie oben beschrieben aus der Erde nehmen und einen Tag lang an Ort und Stelle trocknen lassen.

Die Sellerieknollen halten sich bei guter Lagerung bis zum Frühjahr.

Ernte der Sellerieknollen

Entfernen Sie die Blätter, aber lassen Sie den Ansatz in der Mitte stehen. Die Knollen in einer Kiste mit feuchtem Sand kühl aufbewahren.

Kohlrabi

Kreuzblütler

Kulturanleitung

Von Kohlrabi isst man gewöhnlich die aus der Verdickung des Stängels gebildete Knolle. Die Blätter schmecken feingeschnitten und gedünstet.
Als Mittelzehrer braucht Kohlrabi einen warmen, humusreichen und gleichmäßig feuchten Boden.

Aussaatzeitpunkt:
April–Juni
Keimdauer:
6–10 Tage
Ernte:
Juni–September
Ertrag:
1 Kohlrabiknolle von etwa 500 g pro Setzling
Gießen:

Krankheiten und Schädlinge:
Großer Kohlweißling, Kohlfliege, bakterielle Erkrankungen

Aussaat

DIREKT INS FREILAND

Für eine lange Ernte werden ab April bis Juni jeden Monat einige Samen ausgesät. Säen Sie gleichmäßig in 1 cm tiefe Saatfurchen (Reihenabstand 25–30 cm) im Abstand von 30–40 cm. Die Saatfurche mit dem Rechen schließen, die Erde andrücken und mit feiner Brause gießen.

In Gegenden mit mildem Herbstwetter können die früh reifenden Sorten bis Mitte Juli gesät werden.

Ausdünnen

Nach ungefähr 4–5 Wochen, wenn die Kohlrabi 3–4 Blätter haben, entfernen Sie die schwächsten Pflanzen und belassen alle 25–30 cm nur eine Pflanze.

Gießen Sie im Sommer regelmäßig, damit die Kohlrabi nicht faserig werden. Mulchen Sie den Boden um die Pflanzen mit Flachshäcksel, um die Verdunstung zu begrenzen und die Feuchtigkeit länger im Boden zu halten.

Zwei Monate nach der Aussaat

Häufeln Sie um die Basis des Stängels, der sich zu verdicken beginnt, etwas Erde an, um dem Kohlrabi eine Stütze zu geben.

Empfehlenswerte Sorten

Frühe Sorten: 'Azur Star' (blau); 'Lanro' (weiß).

Sommersorten: 'Genta', 'Noriko' (weiß); 'Blauer Delikatess' (blau).

Herbstsorten: 'Superschmelz' (weiß).

Die Ernte

Je nach Sorte findet die Ernte 3–4 Monate nach der Aussaat statt. Ab Juni ziehen Sie die Kohlrabi je nach Bedarf aus dem Boden, wenn sie einen Durchmesser von etwa 10 cm haben.

Kohlrübe, Steckrübe

Kreuzblütler

Kulturanleitung

Die Kohlrübe wird von Frühjahr bis Herbst angebaut und kann praktisch das ganze Jahr über auf dem Speisezettel stehen. Jeder Boden ist ihr recht, sie bevorzugt aber tiefgründige, feuchte Böden, an sonnigen bis halbschattigen, eher kühlen Standorten.

Aussaatzeitpunkt:
Mitte März–Ende April; August

Keimdauer:
5–6 Tage

Ernte:
Mai–Juni (Aussaat im Frühjahr); November (Aussaat im Sommer)

Ertrag:
1 kg pro Reihenmeter

Gießen:

Krankheiten und Schädlinge:
Kohlhernie, Falscher Mehltau, Kohlweißlingsraupe

Aussaat

DIREKT INS FREILAND

Von Mitte März bis Ende April (Frühjahrsernte) und im August (Winterernte) ziehen Sie mit der Jäthacke im Abstand von 25 cm 2–3 cm tiefe Reihen. Darin verteilt man mit einer Handsämaschine die Samen.

Bedecken Sie die Samen mit einer 1 cm hohen körnigen Schicht aus Komposterde, schließen Sie die Furchen mit dem Rechen, klopfen Sie die Erde fest und gießen Sie mit feiner Brause.

Große Hitze mag die Kohlrübe überhaupt nicht. Säen Sie nicht zwischen Mai und Juli; dann bekommen Sie nämlich harte und faserige Wurzeln.

Ausdünnen

20 Tage nach der Aussaat, wenn die jungen Pflanzen 2 Blätter haben, werden die schwächsten Pflanzen entfernt. Lassen Sie je nach Größe der angebauten Sorte nur alle 10–20 cm eine Pflanze stehen.

Gießen Sie regelmäßig dicht an die Wurzeln, damit die Pflanzen kühl bleiben und Raupen ferngehalten werden.

Empfehlenswerte Sorten

Frühe Sorten: 'De Milan rouge', 'Demi-long de Croissy'.

Herbstsorten: 'Blanc dur d' hiver', 'Jaune boule d'or'.

Jahreszeitenunabhängig: 'Oestgoeta'.

Die Ernte

Im Mai/Juni erntet man die Steckrüben, wenn sie 3–6 cm Durchmesser haben. Heben Sie die Rüben mit der Grabegabel an und ziehen Sie sie dann sacht an der Basis der Blätter aus der Erde.

Vor dem ersten Frost

Anfang November sind die Kohlrüben 8–10 cm dick. Ziehen Sie sämtliche Rüben an einem sonnigen Tag, wie oben beschrieben, aus der Erde. Lassen Sie sie einen Tag lang im Freien trocknen.

Streifen Sie die Erde weitgehend ab und schneiden Sie die Blätter 0,5 cm über der Wurzel ab. Setzen Sie die Rüben, mit der Spitze nach unten, versetzt in eine Kiste mit Sand. Kühl und luftig lagern.

★★

Kopfkohlarten

Kreuzblütler

Kulturanleitung

Der stets grüne Savoyerkohl oder Wirsing mit blasigen oder krausen Blättern oder der glattblättrige weiße, grüne oder rote Kohl je nach Sorte – jeder Kopfkohl liebt fruchtbare, tiefe Böden, die im Sommer nicht zu trocken sind.

Aussaat

INS ANZUCHTBEET ★

Setzlinge für die erste Pflanzung sollten Sie beim Gärtner kaufen. Für Herbst- und Lagerkohl je nach Sorte und gewünschter Erntezeit den Samen von April bis Mitte Juni und von Mitte August bis Mitte September gleichmäßig ausstreuen. 1 Tütchen pro m² ist ausreichend.

Drücken Sie die Erde mit dem Rücken des Rechens fest und gießen Sie mit feiner Brause. Halten Sie die Saat gut feucht, bis in der Woche danach die ersten Blätter erscheinen.

Aussaatzeitpunkt:
Mitte–Ende April
Mitte Mai–Mitte Juni
Anfang Juli–August

Keimdauer:
5 Tage

Ernte:
Je nach Zeitpunkt der Aussaat

Ertrag:
1 Kopfkohl von 1–1,5 kg pro Setzling

Gießen:

Krankheiten und Schädlinge:
Großer Kohlweißling, Kohlfliege, Kohlraupe, bakterielle Erkrankungen

Für eine Ernte zum Beginn des Sommers und im Herbst säen bzw. pflanzen Sie im Frühjahr (April), für eine Ernte im Winter zwischen Mai und Juni. Wollen Sie noch im März ernten wird im August ausgesät. Die Pflanzen müssen unbedingt mit einem Vlies abgedeckt werden.

AUSSAAT IM FRÜHBEETKASTEN ★★

Empfehlenswerte Sorten

Frühe Sorten
Weißkraut: 'Marner Allfrüh'; Blaukraut: 'Intro'; Wirsing: 'Promasa'.

Mittelfrühe Sorten
Weißkraut: 'Castello'; Blaukraut: 'Rondy'; Wirsing: 'Eisenkopf'.

Herbstsorten
Weißkraut: 'Hidena'; Blaukraut: 'Marner Lagerrot'; Wirsing: 'Arisma'.

Säen Sie Kopfkohlsamen gleichmäßig Anfang April. Bedecken Sie die Samen 1–2 cm dick mit Erde, drücken Sie sie fest und gießen Sie mit feiner Brause. Bis die ersten Blätter erscheinen, muss der Frühbeetkasten geschlossen bleiben.

Umpflanzen

Etwa einen Monat nach der Aussaat zieht man die Pflänzchen, die 2–3 Blätter haben, mithilfe eines kleinen Spatels vorsichtig heraus und pflanzt sie im Anzuchtbeet so ein, dass um jede Pflanze allseitig etwa 10 cm Platz ist. Die Pflanzen werden bis an die Basis der Blätter in Erde gesetzt.

Bei der Aussaat zwischen Mitte Mai und Mitte Juni (Winterernte) kann das Umpflanzen auch entfallen. Allerdings fördert es die Bewurzelung der Pflanze: Der Kohl nimmt dann mehr Nährstoffe auf und ist besser im Boden verankert.

Pflanzen

Haben die Pflanzen 4–6 Blätter ausgebildet, zieht man die jungen Kohlpflanzen vorsichtig aus dem Boden. Mit einem konischen Setzholz werden sie sofort in den Gemüsegarten gesetzt, und zwar alle 40–50 cm je Reihe, mit einem Reihenabstand von 50–60 cm. Setzen Sie die Pflanzen bis an den Grund der Blätter in den Boden, drücken Sie die Erde rundherum fest an und gießen Sie reichlich.

Viele Gärtnereien bieten vorgezogene Kopfkohlpflanzen im Anzuchttopf an. Kaufen Sie nur Pflanzen, deren zentrale Knospe im Herzen der Blätter in gutem Zustand ist. Diese pflanzen Sie je nach Sorte wie oben angegeben.

Gießen Sie den ganzen Sommer über regelmäßig an den Fuß der Pflanzen und decken Sie den Boden mit Stroh oder Flachshäcksel, um die Feuchtigkeit zu halten.

Die Ernte

Die Erntezeit wechselt je nach Zeit der Aussaat. 2–6 Monate nach der Aussaat können Sie entsprechend Ihrem Bedarf ernten, indem Sie den kurzen Stiel des Kopfkohls knapp über dem Boden durchschneiden.

Lauch, Porree

Liliengewächse

Kulturanleitung

Aussaat

IM WARMEN KASTEN ★

Für die Aussaat von Mitte Januar bis Mitte Februar brauchen Sie Anzuchttöpfe oder eine Pflanzschale mit Gartenerde, Kompost und Torf zu gleichen Teilen. Bedecken Sie die Samen dünn mit feinkörniger Komposterde und befeuchten Sie gleichmäßig. Stellen Sie die Behältnisse warm (optimal sind 18 °C).

Halten Sie die Erde feucht, bis gut drei Wochen später die ersten fadenförmigen Blätter erscheinen. Ab jetzt stellen Sie die Pflanzen hell, z.B. an ein Fenster.

Lauch wird ganzjährig angebaut und geerntet. Er gedeiht am besten in fruchtbaren Böden, die reich an organischen Substanzen, bis in die Tiefe locker und im Sommer ein wenig feucht sind. Arbeiten Sie vor dem Pflanzen Kompost oder einen Volldünger ein.

Aussaatzeitpunkt:
Mitte Januar–Mitte September

Keimdauer:
15–20 Tage

Ernte:
Je nach Aussaatzeitpunkt

Ertrag:
6–10 Lauchstangen pro Reihenmeter

Gießen:

Krankheiten und Schädlinge:
Lauchmotte, Zwiebelfliege, Nematoden

Empfehlenswerte Sorten

Sommerporree: 'Arca', 'Atal', 'Albana', 'Hilari'.

Herbstporree: 'Furor', 'Carentan', 'Ducal', 'Ténor', 'Elefant'.

Winterporree: 'Blaugrüner Winter Alaska', 'Méridor', 'Siegfried', 'Porrilux', 'Flipper'.

AUSSAAT INS FRÜHBEET ★

Um Mitte September säen Sie ins Frühbeet in die bereits oben genannte Erdmischung. Verteilen Sie die Samen gleichmäßig, bedecken Sie sie dünn mit Erde, drücken Sie sie fest und gießen Sie mit der Brause.

AUSSAAT INS ANZUCHTBEET ★

Von Mitte Februar bis Juli verteilen Sie den Lauchsamen gleichmäßig mithilfe einer Handsämaschine. Decken Sie mit dem Rechen ganz dünn Erde über die Samen und gießen Sie mit Brause. Ab Mai sät man frostharte Sorten; sie werden ja den Winter im Garten verbringen.

Gehen Sie behutsam mit dem Samen um! Bedenken Sie, dass Sie aus 10 g Samen 600–700 Pflanzen bekommen können. Wie wollen Sie da die Ernte bewältigen?

AUSSAAT DIREKT INS FREILAND ★

Säen Sie im August in Reihen mit einem Abstand von 40 cm. Verteilen Sie die Samen gleichmäßig. Mit Erde bedecken, festdrücken und mit feiner Brause gießen. Sorgen Sie dafür, dass der Boden feucht bleibt, bis nach etwa 20 Tagen die ersten Blätter erscheinen. Geerntet wird im nächsten Frühjahr (so genannte Lauchstäbchen oder -stifte).

Ausdünnen

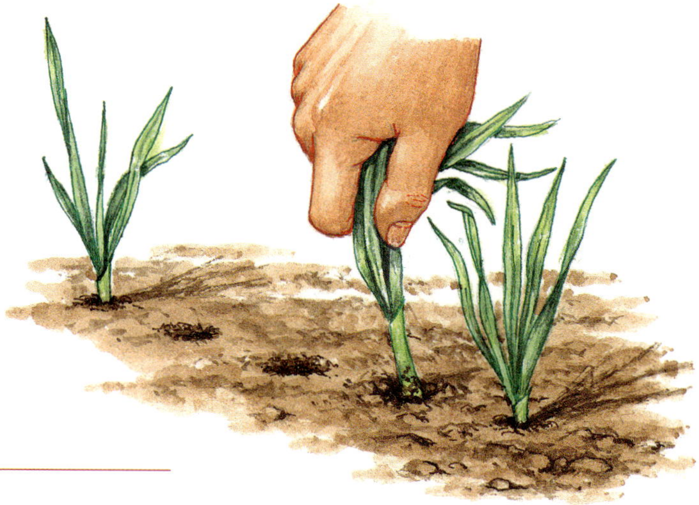

Anfang Oktober ist der junge Lauch, der im August direkt ins Freiland gesät wurde, 10 cm hoch gewachsen. Ziehen Sie die schwächsten Pflanzen heraus und lassen Sie nur alle 15 cm eine stehen.

Pflanzen

Etwa drei Monate nach der Aussaat ziehen Sie den Lauch, den Sie in das Anzuchtbeet gesät hatten, vorsichtig aus der Erde: Lockern Sie zuvor mit der Grabegabel den Boden. Mit einem scharfen Gartenmesser kürzt man die Wurzeln um die Hälfte und die Blätter um das obere Drittel ein. In der Sprache der Gärtner nennt man dies: den Lauch zurichten.

Statt zu säen können Sie auch frisch zugerichtete junge Lauchpflanzen kaufen. Sie werden in Gärtnereien und auf Märkten oft in größeren Mengen angeboten. Sie werden wie die aus Samen vermehrten Pflanzen gesetzt.

Bereiten Sie nun an Ort und Stelle Pflanzlöcher vor, in die Sie den „zugerichteten" Lauch setzen, bis er neue grüne Blätter bekommt. (Abstand in der Reihe: 15 cm, Abstand zwischen den Reihen: 30–40 cm).
Drücken Sie die Erde um die Pflanzen ordentlich fest. Wenn Sie mit dem Pflanzen fertig sind, gießen Sie jede Pflanze an der Basis, aber ohne Brause.

Die Ernte

Etwa 5–8 Monate nach der Aussaat kann der Lauch bei Bedarf geerntet werden. Schieben Sie die Grabegabel 15 cm vor der Pflanze senkrecht in den Boden. Drücken Sie den Griff herunter und ziehen Sie dabei den Lauch an der Blattbasis heraus.

Brechen Sie die Enden der grünen Blätter durch eine gegenläufige Drehung mit beiden Händen ab und legen Sie sie gleich auf den Komposthaufen.

Vor dem ersten Frost

Ende Oktober häufeln Sie um die verbliebenen Lauchstangen eine 15–20 cm dicke Laubschicht an, oder lagern Sie den Lauch im Frühbeetkasten oder an einer geschützten Stelle im Garten. Ernten Sie während des ganzen Winters jeweils nach Bedarf.

Löwenzahn

Korbblütler

Kulturanleitung

Aussaat

INS ANZUCHTBEET

Von April bis Juni sät man breitwürfig und verteilt dabei den Samen gleichmäßig. Geben Sie darüber eine 1 cm dicke Schicht Komposterde und drücken Sie diese mit dem Rücken des Rechens an. mit feiner Brause gießen und den Boden recht feucht halten, bis nach etwa 15 Tagen die ersten Blätter sprießen.

Umpflanzen

Wenn die Löwenzahnpflanzen 8–10 Wochen später 4–5 Blätter haben, ziehen Sie sie vorsichtig aus der Erde und kürzen die Blätter und die Wurzeln um ein Drittel ihrer Länge.

Setzen Sie diese Pflänzchen im Abstand von 20 cm in Reihen (Reihenabstand 30 cm) an den endgültigen Platz. Um den 15. August die Blätter am Boden abschneiden, jäten und düngen.

Die Blätter des Löwenzahns werden gegen Ende des Winters gebleicht verzehrt. Die Pflanze liebt Sonne und Böden, die weder zu kalkhaltig noch zu trocken sein dürfen.

Empfehlenswerte Sorten
'Vollherziger'; 'Lyonel', breitblättrig.

Aussaatzeitpunkt:
April–Juni

Keimdauer:
15 Tage

Ernte:
Februar–März

Ertrag:
10 Löwenzahnköpfe pro Reihenmeter

Gießen:
nicht nötig

Krankheiten und Schädlinge:
Echter Mehltau

Sie können Löwenzahn auch bleichen, indem Sie, bei trockenem Wetter und wenn die Blätter trocken sind, eine Glocke oder einen umgekehrten Blumentopf daüber stülpen.

Vor dem ersten Frost

Entfernen Sie unansehnliche, gelbe oder zu große (länger als 20 cm) Blätter. Häufeln Sie um die Löwnzahnpflanzen 10 cm hoch Erde an, um sie zu bleichen.

Die Ernte

Im Februar oder März des folgenden Jahres können Sie die Pflanzen bei Bedarf freilegen und die Blätter mit einem Messer am Boden abschneiden.

Mangold

Gänsefußgewächse

Kulturanleitung

Aussaat

Im Anzuchtbeet ★

Im April–Mai den Mangoldsamen breitwürfig auf 1–2 m² aussäen. Mit dem Rechen eine 2–3 cm dicke Erdschicht auf dieser Fläche verteilen.

Gießen Sie reichlich und regelmäßig mit feiner Brause, bis nach etwa 10–15 Tagen die ersten Blätter erscheinen. Danach die Wassergaben reduzieren.

Schützen Sie die Pflanzen mit Granulat auf Eisen-III-Phosphat-Basis gegen Schneckenfraß. Streuen Sie nach jedem Regen nach.

Von dem mit Rote Bete und Spinat verwandten Mangold gibt es zwei Varietäten: Stielmangold und Blattmangold. Die Pflanze passt sich allen Bodenbedingungen an, gedeiht aber am besten in tiefen, fruchtbaren Böden. Eine ausreichende Wasserversorgung muss gewährleistet sein.

Aussaatzeitpunkt:
April/Mai

Keimdauer:
10–15 Tage

Ernte:
Juni–Oktober/November

Ertrag:
Auf 1 Reihenmeter 4 Pflanzen

Gießen:

Krankheiten und Schädlinge:
Schnecken

AUSSAAT DIREKT INS FREILAND ★

Ziehen Sie im April/Mai im Abstand von 40–50 cm 2–3 cm tiefe Furchen. Alle 30–40 cm legen Sie 2–3 Samenknäuel in die Furche. Furche schließen und mit dem Rücken des Rechens andrücken. Reichlich gießen.

Wenn beim Ausdünnen ein paar kräftige Pflänzchen anfallen, können Sie diese in den Gemüsegarten oder in Ihre Blumenbeete umsetzen. Setzen Sie die Pflänzchen aber gleich nach dem Ausreißen, damit sie nicht vertrocknen.

Umtopfen

Sobald die Sämlinge im Anzuchtbeet 4–5 Blättchen haben, setzen Sie sie, am besten abends, an Ort und Stelle. Pflanzen Sie in 40 cm auseinander liegenden Reihen alle 30–40 cm und gießen Sie anschließend großzügig.

Ausdünnen

Wenn die direkt ins Freiland gesäten Pflanzen 4–5 Blättchen haben, zupfen Sie aus jeder Gruppe die schwächsten aus, sodass alle 30–35 cm nur eine Pflanze stehen bleibt.

Die Ernte

Ab Juli werden immer nur die äußeren Blätter bzw. Blattstiele (oder Karden) geerntet: Trennen Sie mit der Hand von innen nach außen ab. Ernten Sie je nach Bedarf bis zum ersten Frost.

Empfehlenswerte Sorten

Blattmangold: 'Grüner Schnitt', dunkelgrünes Blatt.

Stielmangold: 'Feurio', rotstielig mit rötlich grünem Blatt; 'Vulkan', rotstielig; 'Bright Lights', bunte Stiele in rot bis gelb; 'Stielmangold Walliser', frosthart.

Ab Juni regelmäßig gießen, damit die Stiele schön zart bleiben. Eine Mulchschicht aus Grasschnitt verringert die Verdunstung.

Vor dem ersten Frost

Häufeln Sie um die Pflanzen einen kleinen Erdwall an, der ein Drittel so hoch ist wie das Blattwerk, und decken sie mit Laub oder einem Stück Wachstumsfolie ab. Nach milden Wintern können Sie im nächsten Frühjahr erneut ernten.

In frostfreien Gegenden kann die Ernte während des ganzen Winters erfolgen. Schneiden Sie dann den Mangold an der Basis ab.

Die wüchsige Mangoldsorte 'Lukullus' kann sowohl als Blattmangold, wie auch durch die breiten Blattstiele als Stielmangold verwendet werden. Seine gelbgrünen, stark gekrausten Blätter sind besonders zart.

★★★

Melone

Kürbisgewächse

Kulturanleitung

Melonen brauchen viel Wärme und werden hauptsächlich im Mittelmeerraum angebaut. Dank neuester Züchtungen gedeihen sie aber auch bei uns, jedoch nur an sonnigen und geschützten Plätzen. Zuvor muss die Erde tief aufgelockert und mit Kompost angereichert werden.

Aussaat

IM ANZUCHTTOPF ★★

Füllen Sie Anzuchttöpfe von 8 cm Kantenlänge mit einer Mischung aus Gartenerde und Komposterde zu gleichen Teilen. Mit dem Finger 3–4 Samen 1–2 cm tief in jeden Topf drücken. Klopfen Sie die Erde fest und gießen Sie mit feiner Brause.

Stellen Sie die Anzuchttöpfe an einen hellen Platz ins Fenster, in ein Gewächshaus oder auf die Veranda. Die optimale Temperatur für rasches Keimen beträgt 20 °C. Halten Sie die Erde recht feucht, bis nach etwa einer Woche die ersten Blätter erscheinen.

Aussaatzeitpunkt:
April–Mai

Keimdauer:
6–8 Tage

Ernte:
August–Oktober

Ertrag:
4–6 Früchte pro Pflanze

Gießen:

Krankheiten und Schädlinge:
Brennfleckenkrankheit, Echter Mehltau, Läuse, Spinnmilbe, Grauschimmel

Empfehlenswerte Sorten

'César', 'Santon', 'Cantaloup', 'Charentais', 'Doublon'.

F1-Hybriden: 'Cézanne', 'Jérac', 'Fidelio', 'Carson'.

In nördlichen Regionen können Sie das Aussaat- oder Pflanzdatum folgendermaßen vorverlegen: Ab März jäten und die Erde sorgfältig vorbereiten. Dann decken Sie die für die Melonen vorgesehene Fläche mit schwarzer Abdeckfolie ab. In regelmäßigen Abständen die Folie einschneiden und hier die Melonensamen oder -pflanzen platzieren.

AUSSAAT DIREKT INS FREILAND ★★

Nur in sehr warmen Gegenden ist eine Aussaat ins Freiland sinnvoll. Man gräbt im Mai Löcher von 40 cm Kantenlänge und 40 cm Tiefe, die allseitig 80 cm Freiraum haben. In die Löcher geben Sie eine Mischung aus verrottetem Mist und Komposterde zu gleichen Teilen, ergänzt durch einen Volldünger.

Setzen Sie in jedes Pflanzloch 1–2 cm tief 5–6 Samen. Die Erde festdrücken und reichlich mit feiner Brause gießen. Halten Sie die Erde recht feucht, bis nach gut 10 Tagen die ersten Blätter erscheinen.

Ausdünnen

Etwa zwei Wochen nach der Aussaat haben sich die ersten Keimblätter in den warm gehaltenen Anzuchttöpfen oder der Erde gebildet. Entfernen Sie die schwächsten Pflanzen und belassen Sie nur ein Melonenpflänzchen je Gruppe (im Freiland) oder Topf.
Die Anzuchttöpfe sollen stets warm und sehr hell stehen.

Pflanzen

Ungefähr nach einem Monat haben die Pflanzen im Anzuchttopf 4–5 schöne Blätter entwickelt. Pflanzen Sie sie jetzt mit einem Abstand von 80 cm an ihren endgültigen Platz in Pflanzlöcher, die mit gleichen Teilen Gartenerde und Komposterde gefüllt sind.

Gießen Sie im Sommer mindestens einmal wöchentlich. zwei Wochen bevor die Früchte reif sind, das Gießen einstellen.

Falls Sie zu wenig Zeit haben, um Ihre Melonen aus Samen zu ziehen, können Sie in Gärtnereien junge Pflanzen in Anzuchttöpfen kaufen. Wie oben beschrieben können Sie diese je nach Region im Mai–Juni auspflanzen.

Rückschnitt der Melonen

Vor allem in nördlichen Gebieten kann die Melone wegen ihrer großen Kälteempfindlichkeit nur spät im Garten ausgepflanzt werden. Nur die Verzweigungen dritter Ordnung tragen weibliche Blüten, aus denen sich Früchte entwickeln können. Der Rückschnitt kann das Erscheinen dieser Blüten beschleunigen und damit auch die Bildung von Früchten, die in der Folge gute Bedingungen für die Reife vorfinden.

Im Lauf des Juni, wenn die Pflanze 3–4 Blätter gebildet hat, schneiden Sie diese über dem 2. Blatt ab. Entfernen Sie auch die Keimblätter (die fleischigen runden Blätter, die zuerst erschienen sind).

Zwei Wochen später sind seitlich 2 Zweige herausgewachsen. Schneiden Sie die Spitzen dieser Zweige (1. Ordnung) oberhalb des 3. Blatts ab.

In der Folge schneiden Sie alle seitlichen Verzweigungen (2. Ordnung) über dem 3. oder 4. Blatt ab.

Sobald die ersten Früchte walnussgroß sind, lassen Sie 1 Melone je Zweig (3. Ordnung) stehen und schneiden diese Zweige jeweils 1–3 Blätter oberhalb der Frucht ab.

Lassen Sie nur 4–6 Melonen an einer Pflanze.

Die Ernte

Ende August werden die Melonen reif. Legen Sie unter jede Frucht ein Brettchen oder ein Körbchen, damit sie nicht auf der feuchten Erde liegen. Drehen Sie die Früchte regelmäßig, damit sie von allen Seiten möglichst viel Sonne bekommen.

Ernten Sie die Melone, sobald sie gelb wird, ihre Behaarung verliert und einen süßlichen Duft verströmt. Die Blätter nahe dem Stiel der Frucht werden welk und an der Stelle, wo der Stiel mit der Melone verbunden ist, entsteht ein Riss. Jetzt kann der Stiel abgeschnitten werden.

Vor dem ersten Frost

Reißen Sie alle Reste der Pflanzen aus, um sie zu verbrennen. Sie können sie auch wegwerfen, aber nicht auf den Komposthaufen; denn diese Reste sind am Ende der Saison oft von Krankheiten befallen (Echter Mehltau).

★★

Neuseeländischer **Spinat**

Eiskrautgewächse

Kulturanleitung

Aussaat

DIREKT INS FREILAND

Im April oder Mai hebt man 10–15 cm tiefe und breite Löcher im Abstand von 80 cm aus. Füllen Sie die Löcher zu gleichen Teilen mit Kompost und Gartenerde. In die Mitte drücken Sie 1 cm tief 3–4 Samen, klopfen sie fest und gießen mit feiner Brause. Halten Sie den Boden feucht, bis die ersten Blätter erscheinen.

Ausdünnen

Wenn die jungen Pflanzen 3–4 gut entwickelte Blätter haben, entfernen Sie die schwächsten Pflanzen und lassen nur die beiden kräftigsten einer Gruppe stehen. Im Sommer bei trockenem Wetter muss regelmäßig gegossen werden: die Blätter werden dadurch zarter.

Die Ernte

Ab Juli können Sie je nach Bedarf die größten Blätter abpflücken. Von Zeit zu Zeit können auch die Spitzen der Stängel geerntet werden. Sie werden genauso zubereitet wie die Blätter. Wenn der Herbst beginnt, reißen Sie die Pflanzen aus.

Neuseeländischer Spinat wird im Sommer anstelle von Spinat angebaut, denn die Pflanze schießt bei Hitze nicht. Wärme, Sonne und einen Boden, der reich ist an organischem Material werden bevorzugt.

Empfehlenswerte Sorten

Es gibt noch keine Züchtungen.

Aussaatzeitpunkt:
April–Mai

Keimdauer:
8–10 Tage

Ernte:
Juli–August

Gießen:

Krankheiten und Schädlinge:
Keine

Pastinake

Doldengewächse

Kulturanleitung

Die Pastinake zählt zu den wieder entdeckten Gemüsen. Sie wird überwiegend zum Würzen von Eintopf verwendet, eignet sich aber auch als Rohkost. Sie mag lockere, nährstoffreiche und kühle Erde und Sonne.

Aussaatzeitpunkt:
März–Juni;
September (im Süden)

Keimdauer:
12–15 Tage

Ernte:
Juli–Oktober (Frühjahrssaat)
März–April (Herbstsaat)

Ertrag:
6–7 Pastinaken je Reihenmeter

Gießen:
nicht nötig

Krankheiten und Schädlinge:
Falscher und Echter Mehltau

Aussaat

DIREKT INS FREILAND

Zwischen März und Juni, in südlichen Gegenden gegen Ende September, gräbt man den vorgesehenen Platz im Gemüsegarten tief um und lockert gründlich auf. Ziehen Sie 1 cm tiefe Furchen im Abstand von 30–40 cm und säen Sie gleichmäßig aus.

Die Samen mit feinkörniger Erde bedecken, mit dem Rücken des Rechens festdrücken und vorsichtig angießen.
Halten Sie die Erde feucht, bis nach etwa 15 Tagen die ersten Blätter erscheinen.

Ausdünnen

Nach einem Monat, wenn die Pflanzen 3–4 Blätter haben, entfernen Sie die schwächsten: Lassen Sie alle 15 cm eine kräftige Pastinake stehen.

Die Ernte

Empfehlenswerte Sorten

'Halblange Weiße', 'Aromata', 'Whitespear'.

F1-Hybride: 'Gladiator', kräftig, resistent gegen Fäule der Sprossbasis.

Von Juli bis Oktober oder im März/April erntet man die Pastinaken je nach Bedarf. Stechen Sie die Grabegabel 20 cm vor der Reihe senkrecht in den Boden und heben Sie die Pastinake vorsichtig heraus.

An einem sonnigen Tag im November können Sie sämtliche Pastinaken ausgraben. Lassen Sie sie an Ort und Stelle einen Tag zum Trocknen liegen.

Streifen Sie die Erde ab, entfernen Sie die Blätter und legen Sie die Pastinaken versetzt in eine Kiste mit Sand, die Sie an einem kühlen und luftigen Platz aufbewahren.

★★★

Peperoni und Paprika

Nachtschattengewächse

Kulturanleitung

Der Freiland-Anbau der kältempfindlichen Peperoni- und Paprikapflanzen lohnt sich nur in sehr warmen Gegenden. Im Folientunnel oder Gewächshaus gedeihen sie aber auch bei uns. Nährstoffreiche Böden ohne Staunässe werden bevorzugt. Ein Platz an der Sonne wäre ideal!

Aussaatzeitpunkt:
März

Keimdauer:
8–15 Tage

Ernte:
Juli–Oktober

Ertrag:
10–12 Peperoni bzw. Paprika je Pflanze

Gießen:

Krankheiten und Schädlinge:
Falscher Mehltau, Blattläuse

Aussaat

In der Pflanzschale ★

Verteilen Sie die Samen im März gleichmäßig in einer Pflanzschale. Als Lichtkeimer dürfen sie nur wenig mit Erde bedeckt werden.

Die Samen mit einem Brettchen festdrücken und mit feiner Brause gießen. Die Pflanzschale an einen warmen Platz (25 °C) stellen und abdecken, bis nach 10–15 Tagen die ersten Blätter erscheinen. Stellen Sie die Pflänzchen ins Licht, sobald die Blätter zu sehen sind.

Im Süden können Sie im März/April direkt Saatreihen im Gemüsegarten anlegen. Gut einen Monat später entfernen Sie die schwächsten Pflanzen und lassen nur alle 15–20 cm eine Peperoni- oder Paprikapflanze stehen.

Umtopfen

Nach etwa anderthalb Monaten, wenn die Pflanzen 5–6 gut ausgebildete Blätter haben, werden sie einzeln in Anzuchttöpfe mit einer Mischung aus gleichen Teilen Torf und Kompost versetzt. Stellen Sie die Töpfe ins Frühbeet. Achten Sie darauf, sobald die Temperatur über 15 °C ansteigt, das Glasfenster während der wärmsten Stunden des Tages zu öffnen. Ab Mitte Mai können die Töpfe dann aus dem Frühbeet ins Freie gebracht werden.

Empfehlenswerte Sorten

Peperoni: 'De Cayenne'; F1-Hybride: 'Nour '.

Paprika: F1-Hybriden: 'Sonar', 'Lamuyo', 'Cesario'. 'Merit', 'Topedo Rosso', 'Westlandia'.

In Gärtnereien können Sie bereits gut entwickelte Peperoni- und Paprikapflanzen in Anzuchttöpfen kaufen. Diese pflanzen Sie im Juni, wie die aus Samen selbst gezogenen Pflanzen.

Pflanzen

Im Juni pflanzen Sie die jungen Peperoni oder Paprika an die sonnigste Stelle in Ihrem Garten im Abstand von 50 x 50 cm. Füllen Sie die Pflanzlöcher vor dem Setzen mit Kompost oder Komposterde. Reichlich gießen.

Gießen Sie im Sommer regelmäßig an den Fuß der Peperoni und Paprika, ohne die Blätter nass zu machen. Auch sorgfältiges Mulchen ist ratsam.

Der Rückschnitt bei Peperoni und Paprika

Da Peperoni und Paprika sehr frostempfindlich sind, können sie außer im Süden nur zeitlich begrenzt angebaut werden. Durch das Zurückschneiden können Sie die Zahl der Früchte auf die Menge beschränken, die innerhalb dieser kurzen Zeit im Garten reifen können.
Im Süden ist ein solcher Rückschnitt nicht erforderlich.

Wenn sich im Lauf des Sommers gut ein Dutzend Früchte gebildet haben, schneidet man die Zweige 1 Blatt oberhalb jeder Frucht ab. Dann werden keine neuen Früchte mehr gebildet, sondern die bereist vorhanden Früchte reifen aus.

Die Ernte

Ab Juli werden Peperoni geerntet, wenn sie schön Farbe angenommen haben. Die Paprika können geerntet werden, sobald sie ihre endgültige Größe erreicht haben, d.h. unabhängig von der Farbe.

Vor dem ersten Frost

Reißen Sie alles aus, ernten Sie die letzten Früchte und verbrennen Sie die Pflanzenreste. Werfen Sie diese Reste nicht auf den Kompost, denn gegen Ende der Saison sind sie oft von Krankheiten befallen (Echter Mehltau).

Portulak

Portulakgewächse

Kulturanleitung

Aussaat

DIREKT INS FREILAND

Von Mai bis Anfang September wird breitwürfig und gleichmäßig auf eine Fläche von zirka 2 m² ausgesät. Gehen Sie oberflächlich mit dem Rechen darüber, sodass die Samen nicht zu tief liegen, und gießen Sie regelmäßig mit feiner Brause, damit spätestens nach 10–15 Tagen die ersten Blätter erscheinen.

Die Samenkörner sind sehr winzig. Säen Sie deshalb an einem windstillen Tag, damit sie nicht in die Gegend verstreut werden.

Die Ernte

2 ½ Monate nach der Aussaat können Sie nach Bedarf Portulakblätter in Bodennähe abschneiden.
Gießen Sie fleißig weiter, damit der Portulak nachwächst. Bis zu den ersten Frösten können Sie mit 2–3 Ernten rechnen.

Gießen Sie häufig, solange Sie ernten wollen, damit die Blätter schön zart bleiben.

Portulak schmeckt säuerlich-würzig und ist im Sommer sehr erfrischend; entweder allein oder als Zutat in gemischten Salaten. Der Portulak mag leichte, möglichst sandige, eher feuchte Böden und bevorzugt einen warmen, sonnigen Platz.

Empfehlenswerte Sorten
'Gelber Breitblättriger', 'Grüner'.

Aussaatzeitpunkt:
Mai–September
Keimdauer:
10–20 Tage
Ernte:
Juli–Oktober/November
Gießen:
Krankheiten und Schädlinge:
Keine

Rettich, Radieschen

Kreuzblütler

Kulturanleitung

Dieses Gemüse ist am einfachsten und am schnellsten zu produzieren. Es ist zwar anspruchslos, braucht jedoch einen kühlen, feuchten Boden, der weder leicht noch schwer ist. Außer den roten Radieschen gibt es größere, verschiedenfarbige Sorten, die oft schärfer sind.

Aussaatzeitpunkt:
März–September
Keimdauer:
3–4 Tage
Ernte:
April–Oktober,
je nach Sorte Aussaat
Ertrag:
Je Samentütchen ungefähr 3–4 Kisten voll
Gießen:

Krankheiten und Schädlinge:
Umfallkrankheit, Erdflöhe, Schnecken

Aussaat

Reihensaat ★

Zwischen März und September bereiten Sie den Boden in zweiwöchigen Intervallen vor. Ziehen Sie entlang einer gespannten Schnur eine 2–3 cm tiefe Furche, auf deren Grund Sie die Samen gleichmäßig verteilen. Zwischen den einzelnen Radieschenreihen sollte 15 cm Abstand bleiben. Die Furche mit dem Grubber schließen, die Erde andrücken und mit feiner Brause gießen. Halten Sie den Boden feucht, bis nach 4–5 Tagen die ersten Blätter erscheinen.

Gießen Sie reichlich während der gesamten Anbauzeit, vor allem im Sommer, damit die Radieschen und Rettiche nicht zu scharf oder faserig werden und um sie gegen Blattkäfer zu schützen.

Empfehlenswerte Sorten

Frühe Sorten (für Frühbeet oder Gewächshaus):
'Boy', Cyros', 'Fanal', 'French Breakfast', 'Karissma', 'Saxa'.

Frühe Freilandsorten:
'Eiszapfen', 'Juwasprint', 'Rota', 'Cherry Belle'.

Sommersorten:
'Parat', 'Würzburger', 'Prinz Rotin', 'Sora'.

BREITWÜRFIGE AUSSAAT ★

Bereiten Sie den Boden wie beschrieben zur gleichen Zeit vor und verteilen die Samen aus der hohlen Hand breitwürfig und gleichmäßig.

Danach die Samen mit dem Grubber einigermaßen tief in den Boden einarbeiten. Wenn die Samen zu sehr an der Oberfläche liegen, wachsen die Rettiche über dem Boden. Streuen Sie nach dem Säen ein bisschen Komposterde über die Samen, drücken Sie alles mit dem Rücken des Rechens fest und gießen Sie mit feiner Brause.

Die Ernte

Etwa 3–4 Wochen nach dem Säen der Radieschen, bei den Sommersorten nach zwei Monaten, zieht man die je nach Sorte 1 cm (Radieschen) bis maximal 5 cm (asiatische Rettiche) dicken Wurzeln an der Blattbasis heraus.
Falls Sie etwas zu dicht gesät haben, bewirkt der durch die erste Ernte frei gewordene Platz, dass die verbleibenden Radieschen/Rettiche sich gut entwickeln.

Werfen Sie die Blätter der Rettiche nicht auf den Kompost, sondern bereiten Sie Suppen daraus.

Anbau von Winterrettich

1

Ziehen Sie zwischen Juni und August 2–3 cm tiefe Furchen im Abstand von 30 cm. Verteilen Sie darin gleichmäßig alle 12–15 cm die Samen. Etwas Komposterde darüberstreuen und alles mit dem Rücken des Rechens festdrücken. Gießen Sie mit feiner Brause.

2

Vor dem ersten Frost, etwa vier Monate nach der Aussaat, an einem sonnigen trockenen Tag, werden die Rettiche ausgerissen, indem man sie mit der Grabegabel lockert und dann an der Blattbasis herauszieht. Lassen Sie sie einen Tag lang trocknen.

3

Entfernen Sie grob die Erde von den Früchten, schneiden Sie die Blätter ab (verarbeiten Sie diese lieber in Suppen statt sie auf den Kompost zu werfen) und lagern Sie die Rettiche versetzt in sandgefüllten Kisten an einem frostfreien, kühlen (8–10 °C) und luftigen Ort.

Rhabarber

Knöterichgewächse

Kulturanleitung

Pflanzen

Im März/April oder September/Oktober gräbt man 20–30 cm breite und ebenso tiefe Löcher im Abstand von 1 m. Geben Sie auf den Grund des Lochs 8–10 cm hoch Kompost oder gut verrotteten Stallmist. Setzen Sie Ihre im Topf gekaufte Rhabarberpflanze so in die Erde, dass die Knospen, die aufzubrechen beginnen, aus dem Boden herausschauen.

Der Rhabarber ist eine Staude, deren – sauer schmeckende – fleischige Stiele auf Kuchen, als Kompott, Gemüsebeilage oder als Dessert gegessen werden. Die Pflanze gedeiht vor allem in der Sonne, auf fruchtbaren, nicht zu kalkhaltigen, leicht feuchten Böden.

Anstelle von kleineren Wurzelstöcken in Anzuchttöpfen (die sehr langsam wachsen) kaufen Sie besser gut entwickelte Rhabarberpflanzen, die in Töpfen von 12–15 cm Durchmesser angeboten werden.

Alle Jahre wieder

Arbeiten Sie im April pro m² Fläche 50 g Volldünger als Granulat in den Boden ein oder streuen Sie, nachdem Sie sorgfältig das Unkraut gejätet haben, 6–8 cm dick sehr reifen Kompost.

Pflanzzeitpunkt:
März–April
September–Oktober

Ernte:
Mai–Juni

Ertrag:
Eine einzige Pflanze deckt den Bedarf einer vierköpfigen Familie. Für Konfitüre brauchen Sie 3–4 Stauden.

Gießen:

Krankheiten und Schädlinge:
Schnecken

Im Juni die Blütenstiele bis auf den Grund herausschneiden, die im Herz der Blätter zu erscheinen beginnen. Entfernen Sie sie rechtzeitig vor der Blüte, denn sie verkürzen das Leben der Rhabarberstaude.

Empfehlenswerte Sorten

'Holsteiner Blut', 'Vierländer', 'The Sutton'.

Teilen von Rhabarberstauden

Bei einem Minimum an Pflege bringt die Rhabarberstaude viele Jahre lang gute Erträge. Teilen Sie die Pflanze alle 4–5 Jahre, damit sie kräftig bleibt.

1 Im März oder April sprießen die Rhabarberknospen aus der Erde. Stechen Sie 15 cm um die Pflanze senkrecht mit dem Spaten die Erde ab.

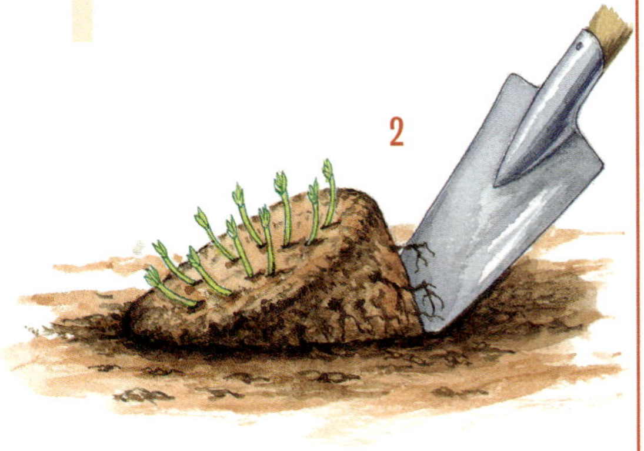

2 Heben Sie mit dem Spaten oder der Grabegabel die Scholle mit der Rhabarberstaude heraus.

3 Schneiden Sie den Wurzelballen mit einem starken Messer in Stücke. Jedes Teilstück muss mindestens 3 sichtbare Knospen aufweisen. Pflanzen Sie ein Teilstück wie oben beschrieben sofort an die vorgesehene Stelle und verschenken Sie die überzähligen.

Die Ernte

Von Mai bis Juni schneidet man die Blattstiele über dem Boden ab. Lassen Sie die kleinsten Blätter in der Mitte der Staude stehen.

Bringen Sie nur den essbaren Teil, die Stiele, in die Küche. Das Blatt wird abgeschnitten und auf den Kompost geworfen.

Sie können Rhabarber auch im April/Mai oder August/September im Anzuchtbeet aussäen (und im Frühjahr bzw. Herbst des folgenden Jahres auspflanzen). Mit der ersten Ernte können Sie dann in zwei bis drei Jahren rechnen.

Rosenkohl

Kreuzblütler

Kulturanleitung

Rosenkohl mag leichte, tiefe Böden, die im Sommer nicht zu trocken sind und – im Gegensatz zu den anderen Kohlarten – nicht zu viel Stickstoff enthalten. Große Hitze bekommt ihm nicht, dagegen verträgt er Kälte (bis -15 °C) gut.

Aussaatzeitpunkt:
April–Mai; im Süden Anfang September

Keimdauer:
6–10 Tage

Ernte:
September–Oktober bis Februar; April (Süden)

Ertrag:
Etwa 40 Rosenkohlköpfchen pro Pflanze

Gießen:

Krankheiten und Schädlinge:
Erdflöhe, Kohlfliege, Kohlhernie

Aussaat

INS ANZUCHTBEET

Im April/Mai locker aus der hohlen Hand säen, sodass die Samen etwa 3–4 cm auseinander zu liegen kommen. In südlichen Regionen verschiebt sich die Aussaat auf Anfang September, sodass im März/April des Folgejahres geerntet wird.

Streuen Sie etwas feinkörnige Erde über die Samen und drücken Sie diese mit dem Rücken des Rechens fest. Halten Sie den Boden ordentlich feucht, bis – etwa nach einer Woche – die ersten Blätter erscheinen.

Vereinzeln

Drei Wochen nach der Aussaat, wenn die jungen Kohlpflanzen 2–3 Blätter haben, ziehen Sie sie heraus und setzen sie noch im Anzuchtbeet um, sodass sie einige Zentimeter tief im Boden sitzen mit einem Abstand von 10 cm. Dieses Vorgehen ist ratsam in Gegenden mit viel Wind, denn es kräftigt die Wurzeln der jungen Kohlpflanzen.

Blattkäfer können ganze Pflanzen fressen. Bei Befall häufig gießen und die Pflanzen richtig nass machen; dann fallen die Käfer herab.

Pflanzen

Ungefähr anderthalb Monate nach der Aussaat (Mitte Mai–Ende Juni) haben die Kohlpflanzen 5–6 kräftige Blätter gebildet. Herausnehmen und Pflanzen mit deformiertem oder beschädigtem Stiel entfernen. Pflanzen Sie in Reihen mit 50–60 cm Abstand und lassen Sie zwischen den jungen Pflanzen etwa 40 cm Platz. Den Stängel der Pflänzchen bis an die Achsel der ersten Blätter in die Erde setzen, damit sie sich kräftig bewurzeln.

Sollten Sie keine Möglichkeit haben, Ihren Rosenkohl selbst zu säen, dann können Sie junge Pflanzen in einer Gärtnerei kaufen. Diese pflanzen Sie dann zwischen Mai–Juli genauso ins Freiland wie selbst gezogene Sämlinge.

Die Ernte

Zwischen Oktober (bei Aussaat im April) und März (bzw. bis April im Süden) die Köpfchen regelmäßig kontrollieren. Wenn sie ungefähr 3 cm Durchmesser haben, packen Sie sie zwischen Daumen und Zeigefinger und knicken sie ruckartig nach der Seite, um sie abzubrechen.

Gleichzeitig entfernen Sie die welken Blätter mit einem Zug nach unten.

Empfehlenswerte Sorten

'Hilds Ideal', 'Roodnerf', 'Harald 51' für die Ernte im Spätherbst bis Februar.

'Sanda', 'Content' für die Ernte während des Winters bis in den März.

Am Ende des Winters

Wenn alle kleinen Köpfchen von einer Pflanze abgeerntet sind, wird sie ausgerissen und verbrannt. Sie können sie auch in den Kompost geben, sofern sie frei von Krankheiten und Schädlingen ist.

Rote Bete, Rande

Gänsefußgewächse

Kulturanleitung

Aussaat

DIREKT INS FREILAND

Arbeiten Sie im April zwei Wochen vor der Aussaat einen phosphat- und kaliumreichen Dünger in den Boden ein (ungefähr 100 g/m²).

Ende April Boden glätten und leicht mit dem Rücken des Rechens andrücken. Ziehen Sie 2–3 cm tiefe Furchen im Abstand von 25–30 cm. Alle 20 cm werden 2–3 Samenkörner in die Furchen gelegt. Spätere Saaten bis Ende Juni eignen sich gut zur Einlagerung.

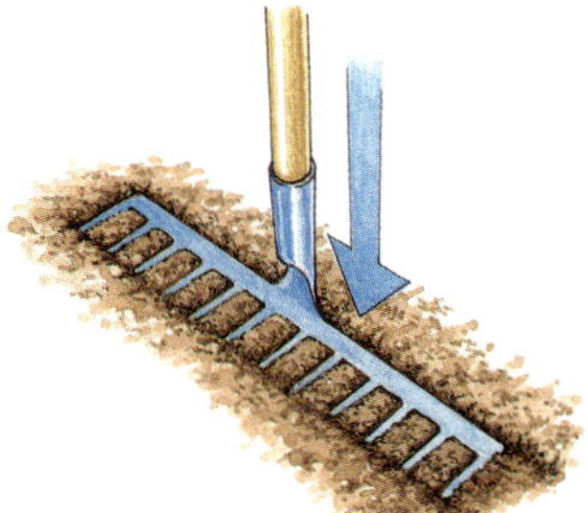

Samen mit Erde bedecken und mit dem Rücken des Rechens ordentlich festdrücken, um einen guten Bodenschluss zu erreichen. Anschließend reichlich gießen.

Säen Sie nicht vor Ende April: Junge Rote Bete sind frostempfindlich. Wenn zu Beginn der Kultur zu niedrige Temperaturen herrschen, kommen die Pflanzen im Übrigen noch im Jahr der Aussaat vorzeitig zum Blühen, auf Kosten der fleischigen Früchte, die man ja verzehren will.

Die Rote Bete hat nur geringe Bodenansprüche. Am liebsten sind ihr allerdings tiefe und im Sommer kühle Böden. Säen Sie direkt ins Freiland an eine sonnige Stelle.

Aussaatzeitpunkt:
Ende April–Mitte Juni

Keimdauer: *10–12 Tage*

Ernte:
Juli–November

Ertrag:
5 Pflanzen pro Reihenmeter

Gießen:

Krankheiten und Schädlinge:
Schnellkäfer, Blattläuse, Erdraupen

Rote-Bete-Samen sind auch als Saatband im Handel. Das Band muss lediglich am Boden der Saatfurche in der gewünschten Länge ausgelegt werden. Achten Sie auf ausreichende Wasserversorgung.

Empfehlenswerte Sorten

'Rote Kugel 2': glatte Haut, geringe Ringbildung, für Sommer- und Lagerernte.

'Ägyptische Plattrunde': dunkelrot mit heller Ringelung.

'Forono': zylindrische Form, gut lagerfähig.

'Rouge Globe': gut lagerfähig.

Ausdünnen

Anderhalb Monate später, wenn die Pflanzen etwa 5 Blätter haben, entfernen Sie die schwächsten aus jeder Gruppe, sodass alle 25–30 cm nur eine Pflanze stehen bleibt.

Falls einige der beim Ausdünnen herausgezogenen Pflanzen kräftig sind, können Sie diese an einer geeigneten Stelle im Freiland wieder einpflanzen. Damit sie sich erholen, muss dies aber sofort nach dem Herausziehen geschehen.

Die Ernte

Ab Juli können Sie nach Bedarf ernten. Heben Sie die Pflanzen vorsichtig mit einer Grabegabel an und ziehen Sie, indem Sie die Basis der Blätter mit den Fingern umfassen. Die Blätter werden abgeschnitten und, sofern sie gesund sind, auf den Kompost gegeben.

In heißen Sommen müssen Sie Rote Bete fleißig gießen, damit die Früchte nicht hart und faserig werden und ihren süßen Geschmack einbüßen. Wenn Sie den Boden mulchen, brauchen Sie nicht ganz so oft zu gießen.

Vor dem ersten Frost

An einem schönen sonnigen Tag im Oktober werden die letzten verbliebenen Früchte ausgerissen und bis zum Abend an Ort und Stelle getrocknet. Den größten Teil der Erde abschütteln, die dünnen Wurzeln und die Blätter 0,5 cm oberhalb der Knolle abschneiden.

Nach dem Säubern lose in eine mit Sand gefüllte flache Kiste legen und an einen kühlen und luftigen Platz stellen. Sie halten sich gut und können bis zum kommenden Frühjahr verzehrt werden.

Rucola, Rauke

Kreuzblütler

Kulturanleitung

Rucola kann von April bis zum ersten Frost geerntet werden, in milden Gebieten sogar im Winter. Oft wird Rucola mit anderen Salaten gemischt, zeichnet sich aber durch ausgeprägten und scharfen Geschmack aus. Die Pflanze mag kühlen, tiefen Boden.

Empfehlenswerte Sorten
Gezüchteter und wildwachsender (frostharter) Rucola.

Aussaatzeitpunkt:
April–September
Keimdauer:
10–15 Tage
Ernte:
April–Oktober/November
Gießen:
Krankheiten und Schädlinge:
Keine

Aussaat

Direkt ins Freiland

Zwischen April und September werden 1 cm tiefe Furchen im Abstand von 20 cm gezogen, in denen Sie die Samen gleichmäßig verteilen. Füllen Sie die Furchen auf und drücken Sie die Erde mit dem Rücken des Rechens fest. Mit feiner Brause gießen und die Erde ständig feucht halten. Rechnen Sie 10–15 Tage, bis die ersten Blätter sprießen.

Die Ernte

Wenn die Blätter 15 cm hoch sind, also etwa sechs Wochen nach der ersten Aussaat (von April bis September) schneiden Sie bei Bedarf über dem Boden ab. Schneiden Sie entweder die ganze Pflanze ab oder pflücken Sie einzelne Blätter.

Salat, Lattich

Korbblütler

Kulturanleitung

Aussaat

In eine Saatkiste ★★

Füllen Sie im Januar bzw. Februar eine Pflanzschale bis 1 cm unter den Rand mit Aussaaterde. Verteilen Sie darin gleichmäßig Salatsamen für die Frühjahrskultur. Bedecken Sie ihn dünn mit feinkörniger Erde, die Sie mit einem Brettchen festdrücken. Mit feiner Brause gießen. (Optimale Temperatur 15 °C)

Aussaat ins Anzuchtbeet ★

Von Anfang April bis Anfang September säen Sie breitwürfig und gleichmäßig in eine geschützte Ecke. Schütten Sie die Samen auf die hohle Hand, beschreiben Sie einen Halbkreis und lassen Sie dabei die Samen in das vorbereitete Beet fallen.

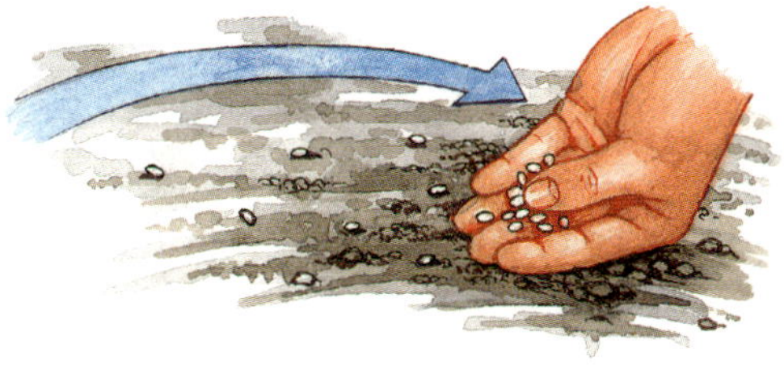

Geben Sie feinkörnige Erde darauf, drücken Sie diese fest und gießen Sie mit feiner Brause. Halten Sie die Fläche gut feucht, bis die ersten Blätter erscheinen, was möglichst schnell geschehen sollte (innerhalb 6–8 Tagen).

Bei keinem anderen Gemüse gibt es so viele Varietäten wie beim Salat. Besonders beliebt sind: Der Kopfsalat, dessen dicht gepackte Herzblätter einen Kopf bilden, und der Pflücksalat, dessen einzelne Blätter geerntet werden. Beide bevorzugen humusreiche Böden.

Aussaatzeitpunkt:
Januar–Anfang September (Temperatur über 10 °C)

Keimdauer:
6–8 Tage

Ernte:
8–10 Wochen (Kopfsalat); 6–7 Wochen nach der Aussaat (Pflücksalat)

Ertrag:
5 Köpfe pro Reihenmeter

Gießen:

Krankheiten und Schädlinge:
Viruskrankheiten, Blattläuse, Schnecken

Aussaat direkt ins Freiland ★★

Von Mitte April bis Anfang September sät man alle 3–5 cm ein Samenkorn in flache Furchen, die 25 cm auseinander liegen. Rechen Sie die Furchen zu, drücken Sie die Erde mit dem Rücken des Rechens fest und gießen Sie reichlich mit feiner Brause. Halten Sie die Fläche gut feucht, bis die ersten Blätter erscheinen (innerhalb von 8 Tagen).

Lattich kann das ganze Jahr über geerntet werden. Wichtig ist, dass je nach Jahreszeit die passende Sorte gewählt wird. Von Januar bis März sollten frühe Sorten gewählt werden, die es kühl und feucht mögen. Ab April entscheiden Sie sich für die Sommer-Sorten, die Wärme gut vertragen, und von Mitte Juli bis Anfang September für Wintersorten, die gegen Kälte resistent sind.

Empfehlenswerte Sorten

Aussaat von Januar bis März: 'Laura', 'Marsala ', 'Blonde de Paris' (Bataviasalate), 'Divina ' (Kopfsalate), 'Red Salad Bowl' und 'Green Salad Bowl' (Eichblattsalate).

Aussaat von April bis Mai: 'Lollo rossa', 'Lollo bionda' (Bataviasalate), 'Divina', 'Prima' (Romanasalate), 'Attraktion ', 'Charan' (Blattsalate), 'Brunia' (Schnittsalat).

Aussaat von Juni bis Juli: 'Great Lakes 118', 'Marsala' (Bataviasalate), 'Kinemontepas', 'Appia', 'Kraganer Sommer' (Kopfsalate).

Aussaat von August bis September: 'Grand Rapids' sehr ertragreich (Pflücksalat).

Ausdünnen

Ob die Aussaat in ein Saatkistchen, im Anzuchtbeet oder im Freiland erfolgte: Entfernen Sie, wenn die Latiche 2–3 Blätter haben (d.h. 3 cm hoch sind), die schwächsten Exemplare, und lassen Sie im Freiland alle 25 cm, im Saatkistchen und im Anzuchtbeet alle 5 cm nur eine einzige Pflanze stehen.

Schützen Sie die jungen Pflanzen mit Schneckenkorn (auf Basis von Metaldehyd oder Methiocarb). Die Behandlung muss nach jedem Regen wiederholt werden.

Umpflanzen

3–4 Wochen nach der Aussaat haben die Salatpflanzen im Saatkistchen oder im Anzuchtbeet 4–5 Blätter gebildet. Ziehen Sie sie vorsichtig aus der Erde.
Pflanzen Sie an einer gespannten Schnur entlang mit einem kegelförmig zugespitzten Setzholz die Sämlinge aus und achten Sie darauf, die Basis der Blätter nicht einzugraben. Die Pflanzen sollten 25 cm, die Reihen 30 cm Abstand voneinander haben.

Falls Sie zum Säen keine Zeit haben, können Sie ab März/April Salatpflanzen in Gärtnereien oder bei Gemüsebauern auf dem Markt kaufen. Bis Mitte September können Sie die Setzlinge in 25 cm Abstand in Reihen pflanzen.

Die Ernte

Wenn sich ein schöner Kopf gebildet hat, schneiden Sie den Kopfsalat über dem Boden ab. Am besten ernten Sie in der Kühle des Morgens, dann sind die Blätter fester.

Gießen Sie regelmäßig und reichlich. So verhindern Sie, dass der Salat welk wird oder ins Kraut schießt (Blüte im Jahr der Aussaat auf Kosten der Blattbildung).

Der Anbau von Schnitt- oder Pflücksalat

Im Gegensatz zu den anderen Latticharten bildet Schnittsalat (Pflücksalat) keine Köpfe. Man isst ihn, wenn die Blätter noch sehr jung sind oder Blatt für Blatt. Schnittsalat bringt den Frühling in den Herbst.

1

Füllen Sie im Februar das Frühbeet mit Aussaaterde. Verteilen Sie die Samen mit Schwung an den vorgesehenen Platz. Ein wenig Erde darüberstreuen und alles mit einem Brettchen festdrücken. Gießen Sie mit feiner Brause.

2

Einen Monat später ernten Sie nach Bedarf, indem Sie die jungen Blätter über dem Boden abschneiden.

3

Von April bis Mitte August sät man in flache Furchen mit 25 cm Abstand ins Freiland. Bedecken Sie die Saatfurchen mit körniger Erde, drücken Sie sie mit dem Rücken des Rechens fest und gießen Sie mit feiner Brause.

4

Nach zwei Wochen zupfen Sie die schwächsten Pflanzen aus und bereiten Salat daraus. Vereinzeln Sie auf 20 cm.

5

Einen Monat nach der Aussaat beginnen Sie zu ernten, indem Sie jeweils die kräftigsten Blätter am Stielansatz abschneiden.

Salatgurke

Kürbisgewächse

Kulturanleitung

Aussaat

Direkt ins Freiland

Mitte Mai in kühlen Regionen, im April dort, wo es milder ist, in 2 m Abstand 1,50 m hohe Pfähle in den Boden einschlagen, zwischen denen ein Plastiknetz (Maschengröße 10 cm) ausgespannt wird. Falls Sie mehrere Reihen anlegen, halten Sie dazwischen jeweils 1 m Abstand.

Wie alle Kürbisgewächse mag die Salatgurke fruchtbare und lockere Böden. Sie ist kälteempfindlich und verträgt Nässe schlecht. Dennoch muss sie im Sommer regelmäßig gegossen werden. Gönnen Sie ihr eine sonnige, warme Lage.

Graben Sie alle 100 cm Saatlöcher von 15–20 cm Durchmesser und Tiefe, die Sie mit gut verrottetem Kompost füllen. In jedes derart vorbereitete Saatloch legen Sie 3–5 Samen, bedecken sie mit feinkörniger Erde, drücken sie fest und gießen mit feiner Brause. Bedenken Sie: Unter 20 °C können die Samen nicht keimen.

Ziehen Sie die jungen Gurkenpflanzen anfangs an eine Rankhilfe. An dieser ranken sie sich dann ohne weiteres Zutun empor.

Aussaatzeitpunkt:
April–Juni

Keimdauer:
6 Tage

Ernte:
Juli–September

Ertrag:
etwa 8 Salatgurken pro Pflanze

Gießen:

Krankheiten und Schädlinge:
Gurkenmosaik-Virus, Gurkenmehltau, Weiße Fliege

Ausdünnen

2–3 Wochen nach der Aussaat, wenn die jungen Pflanzen 2–3 schöne Blätter gebildet haben, entfernen Sie aus jeder Gruppe die schwächeren Pflanzen und lassen nur 1–2 stehen.

Empfehlenswerte Sorten

F1-Hybriden:

'Gynial', nicht bitter, sehr unempfindlich gegen Krankheiten.

'Breso', sehr fruchtbar, nicht krankheitsanfällig.

'Raider', ertragreiche frühe Sorte.

Gießen Sie während des ganzen Sommers reichlich und regelmäßig, mulchen Sie mit Grasschnitt oder Kompost, damit der Boden nach dem Gießen länger feucht bleibt und die Gurken nicht verschmutzt werden.

Rückschnitt der Gurkenpflanzen

Durch den Schnitt können Sie die Gurken auf Kosten des Ertrags schneller zur Reife bringen. Im Norden ist das unerlässlich.

1

Kappen Sie den Haupttrieb oberhalb des 3. oder 4. Blattes.

2

Nach diesem ersten Schnitt treiben 3–4 Zweige aus. Schneiden Sie diese über dem 2. oder 3. Blatt ab.

Auf die gleiche Art schneiden Sie alle Verzweigungen zurück, die sich im Lauf der Saison bilden.

Die Ernte

3–4 Monate später, etwa ab Juli pflückt man die Gurken, sobald sich das Ende der Frucht rundet und diese blass wird. Warten Sie nicht, bis die Gurken gelb werden, dann schmecken sie nämlich bitter.

Salatgurken und Einlegegurken stammen von derselben Pflanze ab. Im Lauf der Jahre wurden sie jedoch nach unterschiedlichen Kriterien weitergezüchtet, bis man geschmacklich ganz verschiedene Sorten erhielt.

Vor dem ersten Frost

Im Oktober reißen Sie die Pflanzen aus und verbrennen sie oder werfen sie weg, aber nicht auf den Komposthaufen; denn gegen Ende der Saison sind die Pflanzen oft von Krankheiten befallen.

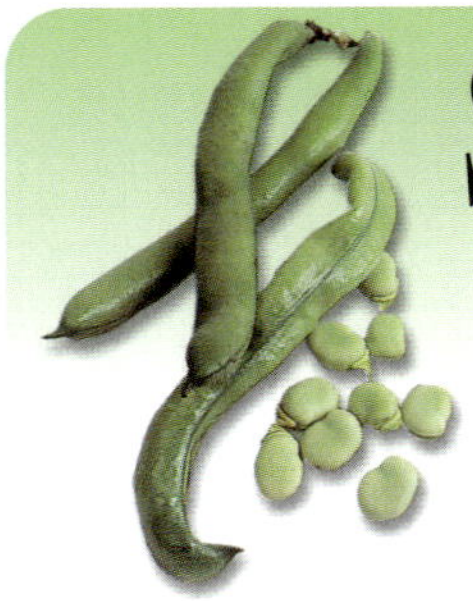

Saubohne, Puffbohne

Leguminosen

Kulturanleitung

Die Saubohne liebt kühle und eher schwere, etwas lehmhaltige Böden. Sie gedeiht sowohl in der Sonne als auch im Schatten und ist als Leguminose in der Lage, den Stickstoff der Luft zu binden. Diesen führt sie als organische Substanz dem Boden zu.

Aussaat

DIREKT INS FREILAND

Für eine Ernte im Frühjahr erfolgt die Aussaat im Februar/März, für die Ernte im Herbst zwischen Mitte Juli und Mitte August. Am Abend vor dem Säen die Samen in etwas Wasser einweichen.

Am nächsten Morgen ziehen Sie 5 cm tiefe Furchen im Abstand von 50 cm. Legen Sie alle 10 cm 1–2 Samen in die Furchen.

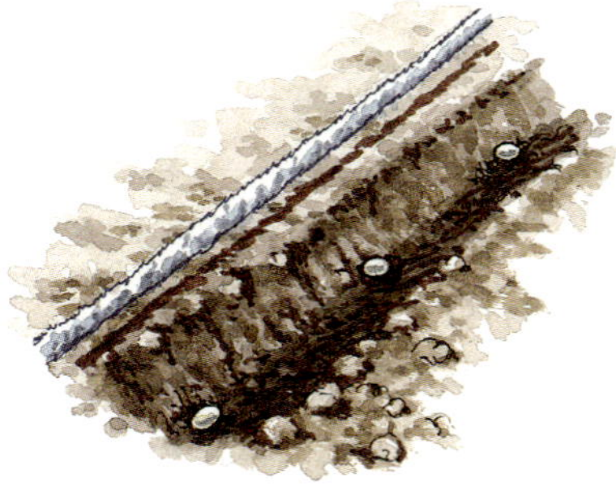

Schließen Sie die Furche mit dem Rechen, drücken Sie die Erde fest und gießen Sie mit feiner Brause, bis nach 8–10 Tagen die ersten Blätter erscheinen.

In südlichen Regionen mit milden Wintern kann man die Saubohnen im Herbst, zwischen Oktober und November, säen, wenn man im April oder im Mai ernten will.

Aussaatzeitpunkt:
Februar–März;
Mitte Juli–Mitte August

Keimdauer:
8–10 Tage

Ernte:
Ende Mai–Juni (Frühjahrssaat) September–Oktober (Sommersaat)

Ertrag:
etwa 10 Schoten pro Pflanze

Gießen:

Krankheiten und Schädlinge:
Schwarze Bohnenlaus

Anderthalb Monate nach der Aussaat

Wenn die Stiele 20–30 cm lang sind, häufeln Sie einen 15 cm hohen Erdwall um den Fuß der Pflanzen. Diese können dann Wind besser ertragen.

Kappen Sie im Mai oder Juni, wenn die Blüten gebildet werden, den Stängel zwischen der 7. und 10. Blüte, um Läusebefall zu verhindern und die Entwicklung der Schoten zu fördern.

Empfehlenswerte Sorten

Grünkochende Sorten: 'Dreifach Weiße', 'Hangdown'. **Braunkochende Sorten:** 'Hedosa'.

Die Ernte

Ernten Sie ab Ende Mai alle 2–3 Wochen die Schoten, wenn sie noch grün und knubbelig sind. Die unten sitzenden Schoten sind am frühesten reif.

Die Herbstaussaat erfordert keinen Schnitt, da die Saubohnen oft vor einem Befall mit der Schwarzen Bohnenlaus reif werden.

Nachdem alle Schoten gepflückt sind, werden die Pflanzen ausgerissen und verbrannt, denn sie sind meistens stark verlaust.

★

Sauerampfer

Knöterichgewächse

Kulturanleitung

Der Sauerampfer ist ein ausdauerndes Gemüse, das sich im Schatten von Obstbäumen wohl fühlt. Auf kühlem, nährstoffreichem und leichtem Boden gedeiht er besonders gut. Bei trockenem Boden ist sein Oxalsäuregehalt größer.

Aussaatzeitpunkt:
März–Juni
Keimdauer:
10 Tage
Ernte:
Ab Mitte Juni. In den Jahren danach von Mai–Oktober.
Ertrag:
1 Tütchen Samen genügt, um den Bedarf einer vierköpfigen Familie zu decken.
Gießen:
Krankheiten und Schädlinge:
Rost, Schnecken

Aussaat

DIREKT INS FREILAND ★★

Teilen Sie zwischen März und Juni in Ihrem Gemüsegarten eine Fläche von circa 2 m² ab. Darauf verteilen Sie die Samen gleichmäßig, indem Sie mit der hohlen Hand Halbkreise beschreiben und dabei die Samen zwischen den Fingern herabrieseln lassen.

Sie können Sauerampfer auch in einer Reihe am Rand des Gartens aussäen.

Bedecken Sie die Samen 1 cm dick mit Erde, klopfen Sie sie mit dem Rücken des Rechens fest und gießen Sie mit feiner Brause.

Die Erde feucht halten, bis nach gut 10 Tagen die ersten Blätter erscheinen.

Etwa drei Wochen später haben die Pflanzen 4–5 Blätter. Sie werden dann vereinzelt, indem die schwächsten Pflanzen entfernt werden, sodass nur alle 20 cm eine stehen bleibt.

Um früher ernten zu können oder wenn zum Säen die Zeit fehlt, kaufen Sie Sauerampferpflanzen im Anzuchttopf. Das Vorgehen beim Pflanzen und sein Zeitpunkt sind die gleichen wie bei den aus Samen selbst gezogenen Pflanzen. Übrigens können Sie auch im Oktober/November pflanzen.

Die Ernte

Alljährlich von Mai bis Oktober schneidet man die größten außenständigen Blätter mit einem Messer über dem Boden ab.

Im Frühjahr ist der Sauerampfer stets dankbar für ein gründliches Mulchen mit Komposterde.

Empfehlenswerte Sorten

'Large de Belleville', sehr ertragreiche Sorte mit intensiv grünen Blättern.

Im Frühjahr

Alle drei Jahre graben Sie die Pflanzen mit dem Wurzelballen aus. Dazu wird die Grabegabel nahe an der Pflanze senkrecht in den Boden gestochen und die Pflanze durch Hebelwirkung herausgehoben.

Teilen Sie den Ballen mit dem Gartenmesser in 2–3 Stücke: An jeder Teilpflanze müssen Blätter und Wurzeln sein.

Pflanzen Sie die Teilstücke sofort einzeln im Abstand von 20 cm in eine Reihe. Die restlichen verschenken Sie an Ihre Nachbarn.

Schalotten

Liliengewächse

Kulturanleitung

Die Schalotte liebt Sonne und humusreichen, gut durchlässigen Boden. Auf feuchten Standorten fault sie leicht. Die kleinen Zwiebelchen verwendet man zum Einlegen von Gurken, für Fleischspeisen und Soßen, aber auch das Grün kann in der Küche zum Würzen genommen werden.

Pflanzzeitpunkt:
März
Ernte:
Juni–Juli
Ertrag:
1,5 kg/m²
Gießen:
nicht nötig
Krankheiten und Schädlinge:
Botrytis (Grauschimmel), Falscher Mehltau, Zwiebelfliege

Das Pflanzen

Den Boden entweder im Herbst oder im Februar/März tief umgraben und von Unkraut befreien. Kurz vor dem Stecken der Zwiebeln einebnen und glätten.

Bei schwerem Boden bilden Sie Reihen von Erdhäufchen.

Stecken Sie alle 10–15 cm eine Brutzwiebel (kleine Zwiebel der Schalotte) von Hand mit der Spitze nach oben 2 cm tief in die Erde. Zwischen den Reihen soll ein Abstand von 25–30 cm sein.

Empfehlenswerte Sorten

'Griselle', graue Zwiebel, sehr wohlschmeckend.

'Mikor', virusresistent, für Pflanzung in Herbst und Frühjahr geeignet.

'Santé', hervorragender Geschmack.

Einen Monat vor der Ernte

Lockern Sie im Mai, sobald sich die Schalotten gebildet haben, vorsichtig die Erde, die über den Brutzwiebeln liegt.

Entfernen Sie regelmäßig Unkräuter, die um die Schalotten herum auftreten.

Die Ernte

Im Juni/Juli färbt sich das Zwiebelgrün gelb und vertrocknet. Heben Sie bei trockenem Wetter die Schalotten mit der Grabegabel an und ziehen Sie sie sacht an der Basis der Blätter heraus.

Lassen Sie die Schalotten 1–2 Tage an Ort und Stelle trocknen.

Die Blätter der Schalotten brechen leicht. Daher ist es mitunter nicht leicht, sie gebündelt aufzubewahren.

Entfernen Sie möglichst viel Erde von den Schalotten, schneiden Sie die Blätter ungefähr 1 cm oberhalb der Brutzwiebeln (oder Zwiebeln) ab und breiten Sie sie in Lattenkisten aus, die an einem kühlen, aber frostfreien und trockenen Ort aufbewahrt werden müssen.

Schwarzwurzel

Korbblütler

Kulturanleitung

Aussaat

DIREKT INS FREILAND

Für die Ernte im kommenden Winter wird die Schwarzwurzel Ende März bis April gesät. Ziehen Sie mit der Doppelhacke 2–3 cm tiefe Furchen im Abstand von 25 cm. Benutzen Sie eine Handsämaschine und verteilen Sie die Samen gleichmäßig in der Furche.

Die Pflanze bildet lange Wurzeln und benötigt einen tief gelockerten, humosen Boden. Die schwarzrindige Schwarzwurzel ist winterhart und kann bis zum Frühjahr im Beet bleiben. Sie hat die leicht verholzende, weißrindige Haferwurzel weitgehend verdrängt.

Bedecken Sie die Samen mit Komposterde, drücken Sie alles gut fest und gießen Sie mit feiner Brause. Den Boden gut feucht halten, bis nach etwa 10 Tagen die ersten Blätter erscheinen.

Die Schwarzwurzelsamen werden sehr gern von Vögeln herausgepickt. Decken Sie die Saat zum Schutz mit einem Netz ab.

Aussaatzeitpunkt:
Ende März–Anfang April

Keimdauer:
6–10 Tage

Ernte:
Oktober–März (Schwarzwurzeln)
Oktober–November (Haferwurzeln)

Ertrag:
10 Wurzeln pro Reihenmeter

Gießen:

Krankheiten und Schädlinge:
Wühlmäuse, Echter Mehltau

Ausdünnen

Etwa 3–4 Wochen nach der Aussaat, sobald sich die jungen Pflanzen leicht ausreißen lassen, entfernen Sie die schwächsten und lassen nur eine alle 10 cm stehen. Kappen Sie den Blütenstiel, sobald er im Herz der Blätter sichtbar wird.

Empfehlenswerte Sorten

Schwarzwurzeln:
'Hoffmanns Schwarze Pfahl', 'Einjährige'

Gießen Sie die jungen Pflanzen häufig, vor allem wenn es sehr heiß ist, um einen Befall durch Pilze zu verhindern.

Die Ernte

Von Oktober bis März können Sie Schwarzwurzeln ernten, die frostempfindlichen Haferwurzeln nur im Herbst: Hebeln Sie die Wurzeln mit der 15 cm quer zur Reihe senkrecht eingestochenen Grabegabel aus. Ziehen Sie die Wurzel an der Blattbasis aus der Erde.

Vor dem ersten Frost

Ende Oktober schneidet man die Blätter über dem Boden ab und häufelt Laub über die Wurzeln, damit ringsum der Boden nicht gefriert: Sie können dann sogar bei starken Frösten ernten.

Sie können Schwarzwurzeln und Haferwurzeln auch in Mieten lagern. Graben Sie sämtliche Wurzeln vor den ersten Frösten aus und legen Sie sie ordentlich in Kisten mit Sand. Im kühlen Keller aufbewahren.

★★★

Spargel

Liliengewächse

Kulturanleitung

Mindestens 12 Jahre bringt der mehrjährige Spargel eine gute Ernte. Er liebt leichten, sandigen, nährstoffhaltigen, nicht zu feuchten Boden. Verzehrt werden vom Grün- und vom Bleichspargel die Wurzelknospen und die jungen Spargelstangen.

Pflanzen

Im Herbst vor dem Pflanzen graben Sie den Boden tief um und arbeiten pro Quadratmeter ungefähr 5 kg gut verrotteten Stallmist mit einem Volldünger in den Boden ein (beachten Sie die angegebenen Mengen).

Grünspargelpflanzen 10 cm tief in schweren und 15 cm tief in leichten Boden mit 30–40 cm Abstand in der Reihe setzen. Anhäufeln ist unnötig.

Pflanzzeitpunkt:
März–April
Ernte:
April–24. Juni
Ertrag:
10 Stangen (Wurzelknospen) pro Pflanze
Gießen:
Nicht nötig
Krankheiten und Schädlinge:
Grauschimmel, Spargelhähnchen, Spargelfliege

Für Bleichspargel Anfang März 45 cm breite und 30 cm tiefe Furchen ziehen. Schaufeln Sie die Erde auf die 1,20 m breiten Streifen zwischen den Furchen.

Empfehlenswerte Sorten

Alle Bleichspargelsorten können als Grünspargel verwendet werden:

'Backlim', 'Boonlim', 'Huchels Alpha','Ravel', 'Schneekopf'.

Spezielle Grünspargelsorten: 'Martha Washington', 'Schneewittchen', 'Spaganiva'.

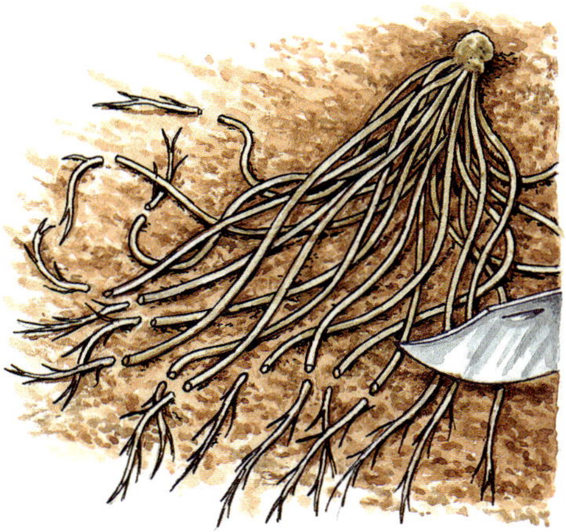

Schneiden Sie die zerfaserten Enden des Wurzelstocks (Bündel der fleischigen Wurzeln des Spargels) unmittelbar vor dem Einpflanzen ab.

Grünspargel sind 25–30 cm lange oberirdische junge Sprosse. Die Stangen enthalten mehr Vitamin C, Karotin und Mineralstoffe als Bleichspargel und sind würziger im Geschmack.

Setzen Sie jeweils pro Meter einen Setzling auf einen kleinen Erdhügel und verteilen Sie die fleischigen Wurzeln rundum in alle Richtungen. Dicht neben dem Wurzelstock eine Stange in den Boden stecken. 10 cm hoch leicht anhäufeln.

Die Spargelernte beginnt ab dem 3. Standjahr. Verwenden Sie zum Setzen etwa 60 g schwere Setzlinge mit 5–6 kräftigen Knospen und 10–12 unbeschädigten Wurzeln. Reichliche Wassergaben fördern das Wachstum.

Vor den ersten Frösten

Im ersten Herbst nach dem Pflanzen schneiden Sie die Stängel, die auf 10–15 cm emporgewachsen sind, und ebnen die Fläche ein, indem Sie die neben den Furchen aufgehäufte Erde um die Spargelpflanzen verteilen.

Im zeitigen Frühjahr

Ab dem zweiten oder dritten Jahr der Kultivierung geben Sie dem Boden im März einen Volldünger (beachten Sie dabei die Dosierungsempfehlung) und häufeln um die Spargel etwa 30 cm hoch Erde an. Nach 20 Tagen wiederholen.

Die Ernte

Ab Mitte April wird drei Wochen lang täglich geerntet. Stechen Sie ein Spargelmesser senkrecht möglichst tief neben aus der Erde spitzenden Spargelköpfen in die Erde. Mittels Hebelwirkung lösen Sie vorsichtig den Spargel.
Am 24. Juni endet die Spargelernte und die Pflanzen wachsen ungestört weiter.

Pflegemaßnahmen im Herbst vor den ersten Frösten

Ebnen Sie die Erdanhäufungen um die Spargelpflanzen ein. Schneiden Sie die Stängel bis auf den Boden zurück, sie müssen verbrannt werden.

Beim Spargel unterscheiden wir männliche und weibliche Pflanzen. Bei letzteren trägt das Kraut im Herbst zinnoberrote Beeren. Die männlichen Pflanzen bilden kleinere Stangen als die weiblichen, dafür aber deutlich mehr (etwa ein Drittel).

Speisekürbis

Kürbisgewächse

Kulturanleitung

Wie alle Kürbisgewächse sind Speisekürbisse kälteempfindlich. In kalten Regionen dürfen sie nicht vor Mitte Mai gesät werden. Geben Sie den Pflanzen einen sonnigen Platz auf nährstoffreichem Boden: Düngen Sie vor dem Säen oder Pflanzen mit Kompost oder Stallmist.

Aussaatzeitpunkt:
April–Mai
Keimdauer:
9–10 Tage
Ernte:
September–Oktober
Ertrag:
je nach Sorte sehr verschieden
Gießen:

Krankheiten und Schädlinge:
Echter Mehltau, Schnecken

Aussaat

DIREKT INS FREILAND

Bereiten Sie im Abstand von 2 x 2 m zirka 50 cm tiefe Pflanzlöcher mit einem Durchmesser von 15–20 cm vor. Diese Löcher werden 30 cm hoch mit Mist und darüber 20 cm hoch mit Komposterde befüllt. Drücken Sie in jedes Loch 1–2 cm tief 5–6 Kürbiskerne.

Nach der Aussaat die Erde festdrücken und mit feiner Brause gießen.

Halten Sie den Boden feucht, bis nach etwa 10 Tagen die ersten Blätter sprießen.

In Gärtnereien können Sie vorgezogene Kürbispflanzen in Anzuchttöpfen kaufen. Wählen Sie Pflanzen mit mindestens 5 Blättern. Je nach Region pflanzen Sie diese im April oder Mai in 15–20 cm breite und ebenso tiefe Löcher, die Sie mit Kompost gefüllt haben.

Ausdünnen

Etwa 2–3 Wochen nach der Aussaat haben sich die Keimblätter (die ersten fleischigen Blätter) der Kürbispflanzen entwickelt. Bestimmen Sie die 2 kräftigsten Pflanzen in jeder Gruppe und reißen Sie die anderen heraus.

Empfehlenswerte Sorten

Speisekürbis: 'Atlantic Giant', 'Roter Zentner', 'Roter Hokaido'.

Gartenkürbis: 'Halloween', 'Lady Milford', 'Gleisdorfer Ölkürbis'.

Gießen Sie den ganzen Sommer über regelmäßig, ohne die Blätter zu benetzen. Decken Sie den Boden mit Stroh oder anderem geeigneten Mulch ab, damit die Erde nach dem Gießen länger feucht bleibt, die Ausbreitung von Unkraut bereits am Anfang verhindert wird und die Kürbisse nicht mit feuchtem Boden in Berührung kommen. Bevor die Zeit der Ernte beginnt, das Gießen einstellen.

Rückschnitt der Kürbispflanze

Wie alle Kürbisgewächse ist der Speisekürbis frostempfindlich und die Zeitspanne für seinen Anbau begrenzt. Der Rückschnitt sorgt dafür, dass die weiblichen Blüten (aus denen der Kürbis entsteht) früher auftreten und die Zahl der Früchte je nach Sorte und Region auf 1–5 Kürbisse pro Pflanze begrenzt wird.

1

Im Juni, wenn der Kürbis 3–5 Blätter hat, schneiden Sie den Haupttrieb oberhalb des 2. Blattes, vom Boden an gerechnet, ab.

Im Juli, wenn die jungen Kürbispflanzen 2 Äste mit 8–10 Blättern gebildet haben, schneiden Sie jeden Ast bis oberhalb des 5. oder 6. Blattes zurück.

2

3

Im Lauf des Sommers, wenn die Früchte sich gebildet haben und so groß wie Melonen sind, schneiden Sie die fruchttragenden Äste bis an das 2. Blatt oberhalb der Frucht zurück. Falls an einem Ast mehrere Kürbisse sitzen, behalten Sie nur den, der dem Haupttrieb am nächsten ist.

Die Ernte

Wenn im Oktober, vor den ersten Frösten, die Schale der Kürbisse stumpf wird und die Blätter vergilben und trocken werden, durchtrennen Sie die Stiele mit einem Messer, das Sie mit Brennspiritus desinfiziert haben. Lassen Sie die Stiele möglichst lang.

Um jegliche Kontamination zu vermeiden, entfernen Sie so schnell wie möglich alle vom Echten Mehltau befallenen Blätter.

Legen Sie die Kürbisse vorsichtig an einen trockenen, warmen Platz, z.B. auf ein Mäuerchen in der Sonne. Behandeln Sie die Früchte mit großer Vorsicht: Der kleinste Schock beschädigt sie und beeinträchtigt die Haltbarkeit.

Lagern Sie die Kürbisse, ohne dass sie sich berühren, an einem trockenen luftigen Platz bei 10–16 °C. Am besten legen Sie sie auf Holzlatten, damit die Luft unter ihnen zirkulieren kann.
Ein angeschnittener Kürbis hält sich längere Zeit im Gemüsefach des Kühlschranks.

Nach der Ernte die Reste der Kürbispflanzen aus dem Boden reißen und verbrennen oder wegwerfen. Geben Sie sie nicht auf den Komposthaufen, denn am Ende der Saison sind sie von Krankheiten befallen (Echter Mehltau).

Ziehen Sie Kürbisse erst nach 2–3 Jahren wieder an derselben Stelle im Garten.

Spinat

Gänsefußgewächse

Kulturanleitung

Spinat mag keine Wärme: Geben Sie ihm deshalb ein Plätzchen, das im Sommer wenig Sonne bekommt. Säen Sie in warmen Gegenden nicht zu früh. Am liebsten ist dem Gemüse ein schwerer humusreicher Boden, der eher kühl und nicht zu sauer ist.

Aussaatzeitpunkt:
März–April;
August–September
Keimdauer: *10 Tage*
Ernte:
Mai–Juni (Frühjahrssaat)
Oktober/November bis März (Herbstsaat)
Ertrag:
2 kg/m²
Gießen:
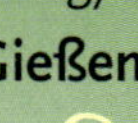
Krankheiten und Schädlinge:
Falscher Mehltau, Rübenfliege

Aussaat

DIREKT INS FREILAND

Von März bis Mai und Mitte August bis Mitte September den Boden umgraben und 50 g/m² Volldünger einarbeiten.

Drücken Sie die Erde mit dem Rücken des Rechens fest; der Spinat mag nämlich keinen zu lockeren Boden.

Im Abstand von 25 cm 1 cm tiefe Furchen ziehen und den Samen darin gleichmäßig verteilen. Die Furchen zurechen und festdrücken. Gießen Sie mit feiner Brause und halten Sie die Erde feucht, bis die ersten Blätter zu sehen sind.

Für eine kürzere Erntezeit im Mai/Juni können Sie Spinat im März/April säen. Aber säen Sie nicht im Hochsommer: Unter dem Einfluss der Wärme schießen die Samen, anstatt Blätter zu bilden.

Ausdünnen

Nach etwa 20 Tagen entfernt man die schwächsten Pflanzen mit 3–4 Blättern und vereinzelt auf 10 cm.

Wenn die Pflanzen, die beim Ausdünnen anfallen, genügend entwickelt sind, können Sie daraus noch einen Salat zubereiten.

Die Ernte

Etwa 2 ½ Monate nach der Aussaat haben die Spinatpflanzen 6–7 Blätter. Beginnen Sie nun zu ernten, indem Sie mit der Hand oder mit dem Messer die kräftigsten Blätter am Blattstiel abtrennen.

Im folgenden Frühjahr

Im März, wenn Sie Platz für den Anbau von Frühgemüse brauchen, reißen Sie die letzten Spinatpflanzen aus und verbrauchen sie.

Fruchtwechsel ist wichtig. Erst nach 3–4 Jahren wieder am alten Platz aussäen.

Ernten Sie Spinat, indem Sie mit den größten Blättern am äußeren Rand der Rosette beginnen.

Empfehlenswerte Sorten

Frühe bis mittelfrühe Sorten:
'Lagos' und 'Junius'.

Herbstsorten:
'Winterriesen', 'Butterflay', 'Matador'.

★★★

Stangensellerie

Doldengewächse

Kulturanleitung

Aussaat

In der Pflanzschale ★

Stangen- oder Bleichsellerie wird wegen seiner Blätter und vor allem wegen seiner fleischigen Rippen oder Stiele angebaut. Er liebt die Sonne, mag fruchtbaren, kühlen, annähernd pH-neutralen, lockeren Boden.

Im März verteilt man die Samen möglichst gleichmäßig in einer mit Aussaaterde gefüllten Pflanzschale.

Drücken Sie die Erde mit einem Holzbrettchen mit Griff fest und decken Sie die Pflanzschale ab. Stellen Sie sie an einen warmen (18–20 °C) und hellen Platz. Die Erde feucht halten, bis die ersten Blätter erscheinen.

Aussaatzeitpunkt:
März–Mai

Keimdauer:
20 Tage

Ernte:
Mitte Juli–Oktober (etwa 5 Monate nach der Aussaat)

Ertrag:
3 Selleriestauden je Reihenmeter

Gießen:

Krankheiten und Schädlinge:
Septoria-Blattkrankheit, Möhrenfliege

Empfehlenswerte Sorten:

Selbstbleichende Sorten: 'Golden Spartan', 'Goldgelber', 'Selfira'.

Grünbleibende Sorte: 'Tall Utah'.

AUSSAAT IM ANZUCHTBEET ★

Ausgesät wird Mitte April bis Mitte Mai (optimale Temperatur 15 °C). Wählen Sie eine geschützte Stelle, deren Boden Sie sorgfältig vorbereiten, einebnen und durchfeuchten. Grenzen Sie eine Fläche ab, die kaum größer als ein Frühbeet ist, indem Sie passende Bretter bis zur Hälfte in den Boden setzen. Die Samen mit der Handsämaschine darin verteilen und leicht mit feinkörniger Erde bedecken.

Jetzt die Erde mit dem Rücken eines Rechens oder mit einem Brettchen festdrücken und mit feiner Brause gießen. Halten Sie die Saat feucht, bis die ersten Blätter erscheinen.

Gießen Sie vor allem im Sommer regelmäßig, um Wachstumsstockungen zu vermeiden.

Um sie zu bleichen, werden die Blätter des Stangenselleries zusammengebunden.

Pikieren

Jungpflanzen mit 3–4 Blättern können zwei Monate nach der Aussaat in Anzuchttöpfe gesetzt oder im Abstand von 10 cm vereinzelt werden. Gießen Sie reichlich nach dem Umtopfen. Stellen Sie die Anzuchttöpfe an eine geschützte und nicht zu sonnige Stelle im Garten.

Anstatt zu säen, können Sie in einer Gärtnerei auch vorkultivierte junge Bleichselleriepflanzen kaufen. Wie die aus Samen selbst gezogenen Pflanzen werden diese zwischen Mitte April und Mitte Mai gesetzt.

Pflanzen

Erst nach den Eisheiligen an Ort und Stelle auspflanzen und kräftig angießen. Pflanzen Sie in Reihen mit einem Abstand von 40 cm und lassen Sie zwischen den einzelnen Pflanzen 35 cm Platz. Füllen Sie das Pflanzloch mit gut verrottetem Kompost.

So bleichen Sie Stangensellerie

Die Stiele des Stangenselleries werden im Allgemeinen gebleicht verzehrt: Sie sind zarter und schmecken weniger bitter. Das Bleichen dauert 15 Tage. Danach ist der Bleichsellerie verzehrfertig. Einige Sorten bleichen von Natur aus.

Ab Mitte Juli können an einem sonnigen Tag die trockenen Blätter wie eine Röhre oben zusammengebunden werden. Beschädigte Blätter zuvor entfernen.

Wickeln Sie ein Stück Wellpappe oder schwarze Plastikfolie um die Stiele, sodass die Blätter oben herausschauen. Nochmals zusammenbinden.

Kontrollieren Sie, ob die Stiele gebleicht sind, indem sie die Blätter oben vorsichtig auseinander ziehen.

Die Ernte

Ab Ende Juli schneidet man nach Bedarf Selleriestangen an der Blattbasis über dem Boden ab. Gießen, falls erforderlich.

Vor dem ersten Frost

Ab Mitte Oktober, wenn die ersten Fröste zu erwarten sind, häufeln Sie um die nicht gebleichten Selleriestangen einen dichten, 30 cm hohen Wall aus Laub. Durch diese Schutzmaßnahme wird der Stangensellerie ohne jeden weiteren Eingriff gebleicht. Ernten Sie nach Bedarf.

Tomate

Nachtschattengewächse

Kulturanleitung

Aussaat

In die Pflanzschale ★

Im März oder April füllen Sie ein Pflanzschale bis 1,5 cm unter den Rand mit Anzuchterde. Besprühen Sie die Erde, damit sie recht feucht wird.

Die Tomate liebt es warm und sonnig. Pflanzen Sie sie erst nach den Frühjahrsfrösten in den Garten, in leichten, fruchtbaren und sommerkühlen Boden, der zuvor mit etwa 2–3 kg Kompost pro 1 m² versorgt wurde.

Die Samen verteilen und 0,5 cm dick mit fein gesiebter Anzuchterde bedecken.

Drücken Sie alles mit einem Holzbrettchen fest und gießen Sie mit feiner Brause. Decken Sie die Pflanzschale ab und halten Sie die Erde feucht, bis die ersten Blätter erscheinen. Stellen Sie die Schale an einen warmen (18–20 °C) und hellen Platz.

Aussaatzeitpunkt:
März–April

Keimdauer:
1 Woche

Ernte:
Von Juli/August (je nach Sorte und Region) bis zum ersten Frost

Ertrag:
Je nach Region und Sorte 3–5 kg Tomaten pro Pflanze

Gießen:

Krankheiten:
Grauschimmel, Blattläuse

AUSSAAT INS FRÜHBEET ★★★

Im März (bei mildem Klima) oder im April füllen Sie das Frühbeet mit Komposterde, Torf und Sand zu gleichen Teilen. Glätten Sie die Oberfläche und gießen Sie, um den Boden ordentlich feucht zu machen.

Der Samen wird gleichmäßig auf einer kleinen Fläche des Frühbeets verteilt. Drücken Sie die Fläche fest und halten Sie sie feucht, bis im abgedeckten Frühbeet die ersten Blätter sichtbar werden. An den wärmsten Stunden des Tages die Glasscheibe hochstellen, das Beet nachts aber mit einer Strohmatte abdecken.

Empfehlenswerte Sorten

Zum Rohessen:
'Matina', 'Cerise Rot', 'Prune Noire', 'Goldene Königin', 'Olirose'.

Zum Kochen:
'Roma', 'Rumänische Flaschen', 'De Berao'.

Cocktailtomaten:
'Sweet 100', 'Waltingers Cocktailtomate', 'Yellow Submarine'.

Kirschtomaten benötigen keinen Rückschnitt, denn sie sind sehr robust.

Pikieren

Nach 3–4 Wochen wählen Sie die am besten entwickelten Pflanzen aus, die etwa 4 Blätter haben. Pflanzen Sie diese in 10–11-cm-Töpfe, die Sie mit einer Mischung aus ⅔ Komposterde und ⅓ Torf gefüllt haben. Setzen Sie die Pflanzen bis zu den ersten Blättern in die Erde und drücken Sie sie ringsum gut fest. Großzügig gießen und die Anzuchttöpfe ins Frühbeet unter Glas stellen. Öffnen Sie die Glasabdeckung an den wärmsten Stunden des Tages.

Pflanzen

Im April bis Mai, wenn keine Nachtfröste mehr zu fürchten sind, schlagen Sie versetzt und im Abstand von ca. 70–80 cm Rankhilfen (Stützen) von 1,50 m in das vorgesehene Beet.

Stellen Sie Ihre Anzuchttöpfe einige Minuten in eine Wanne mit Wasser.

Nehmen Sie je 1 Anzuchttopf und setzen Sie die Pflanze in das vorbereitete Loch. Die Basis des Stiels muss einige Zentimeter tief im Boden sitzen. Füllen Sie das Pflanzloch mit Erde auf, die Sie leicht festdrücken.

Falls Sie weder die Zeit noch den nötigen Platz für die Aussaat von Tomaten haben, können Sie junge Pflanzen im Anzuchttopf in Gärtnereien kaufen. Diese pflanzen Sie ebenfalls Ende April oder im Mai.

Formen Sie mit den Händen eine kleine Mulde um die Pflanze. Setzen Sie an die Seite, von der die Winde heranfegen, einen alten Dachziegel senkrecht in die Erde, um die junge Pflanze zu schützen. Gießen Sie reichlich, auch wenn es regnet.

Man bindet die Tomaten 10–15 Tage nach dem Pflanzen je nach Größe an die Stütze, und zwar unterhalb jedes Blütenstandes. Um die Stiele nicht zu erwürgen, wird der Bindebast oder -draht wie eine Acht um Stiel und Stütze gewickelt.

Sprühen Sie Kupferkalkbrühe (Bordeauxbrühe) auf die Tomatenblätter, um jeglichem Befall mit Falschem Mehltau zuvorzukommen. Behandeln Sie Ihre Pflanzen einmal im Mai und einmal im Juni.

Der Rückschnitt der Tomatenpflanzen

Die meisten Sorten sind unendlich wuchsfreudig, gewissermaßen hemmungslos. Natürlich geschieht dies auf Kosten der Früchte. Folglich müssen die Tomaten zwischen Mai und Juli zurückgeschnitten werden.

1

Kürzen Sie den Haupttrieb oberhalb des zweiten vorhandenen Blütenstandes. Danach wachsen aus der Blattachsel des Haupttriebes neue Seitentriebe. Von diesen lassen Sie den obersten stehen und kappen ihn oberhalb des zweiten Blütenstandes. Alle anderen (weiter unten sitzenden) knipsen Sie ab, sobald sie erscheinen.

2

Im Juni/Juli müssen Sie Ihre Tomatenpflanzen einmal in der Woche kontrollieren: An allen verbliebenen Stielen müssen immer wieder die jungen Triebe an den Blattachseln entfernt werden; der Gärtner spricht von ausgeizen.

Der Rückschnitt erübrigt sich bei den Sorten mit begrenztem Wuchs (ab einem bestimmten Zeitpunkt ihrer Entwicklung stellen sie das Wachstum ein) und bei den robusten kleinfrüchtigen Sorten (Kirschtomaten, Birnentomaten, Johannisbeertomaten).

Die Ernte

Von Juli–August werden die Tomaten gepflückt. Die gleichmäßig gefärbten Früchte lösen sich ganz leicht an der verdickten Stelle ihres Stiels.

Tomaten mögen es nicht, unregelmäßig gegossen zu werden. Gießen Sie während des ganzen Sommers reichlich und regelmäßig dicht am Fuß der Pflanze und meiden Sie es, die Blätter zu netzen. Optimal ist eine Tropfenbewässerung.
Um Wasser zu sparen, bedecken Sie den Boden um die Tomaten mit Rasenschnitt, Torf oder Stroh (mindestens 5–6 cm dick).

Vor dem ersten Frost

Im Oktober reißen Sie die Reste der Pflanzen aus und verbrennen sie. Sollten noch unreife grüne Tomaten bleiben, können sie in einer Kiste unter Glas in die Sonne gelegt werden. Sie reifen dann noch nach.

Topinambur

Korbblütler

Kulturanleitung

Pflanzen

Topinambur passt sich jedem Boden an, sogar magerem und kalkhaltigem, sofern er nicht zu feucht ist. Sie verträgt Kälte und Trockenheit, gedeiht in der Sonne und im leichten Schatten. Pflanzen Sie Topinambur an einer windgeschützten Stelle, denn sie kann 2 m hoch werden.

Von März bis Mitte April legen Sie die kleinen Knollen alle 40 cm in 70 cm auseinander liegende Reihen.

Pflanzen Sie die einzelnen Knollen in 8–10 cm tiefe Löcher, bedecken sie mit feinkörniger Gartenerde, die Sie leicht festdrücken.

Pflanzzeitpunkt:
März–Mitte April

Keimdauer:
3 Wochen

Ernte:
November–Februar

Ertrag:
3 Knollen pro Reihenmeter

Gießen:
nicht nötig

Krankheiten und Schädlinge:
Wühlmäuse

Die Ernte

Empfehlenswerte Sorten

'Patate', regelmäßig geformte Früchte.

'Fuseau', längliche rosafarbene Knollen.

Sobald die Blätter trocken werden, ab November bis Februar, holen Sie die Topinamburknollen mit der Grabegabel aus der Erde. An der Basis der Blätter kann die Pflanze ganz herausgezogen werden. Da Topinambur kaum lagerfähig ist, sollten Sie die Knollen schnell verbrauchen.

Vor dem ersten Frost

Gegen Ende Oktober häufeln Sie eine 6–8 cm dicke Laubschicht um die Pflanze, damit der Boden dort nicht gefrieren kann. So kann die Ernte sogar während großer Kälteperioden fortgesetzt werden.

Wenn Sie im folgenden Frühjahr Ihr Topinamburbeet umgraben, achten Sie darauf, sämtliche verbliebenen Knollen zu entfernen, damit diese sich nicht ausbreiten.

Zucchini

Kürbisgewächse

Kulturanleitung

Aussaat

In Anzuchttöpfe

Im April wird in 4–8-cm-Töpfe mit Anzuchterde ausgesät. Legen Sie in jeden Anzuchttopf in 1 cm Tiefe 2–3 Samen. Mit den Fingern festdrücken.

Setzen Sie die Anzuchttöpfe in das Frühbeet bei einer optimalen Keimtemperatur von 14 °C. Mit feiner Brause gießen und die Erde gut feucht halten, bis nach 15 Tagen die ersten Blätter erscheinen.

Zucchini reagieren empfindlich auf sinkende Temperaturen und Frühjahrsfröste. Pflanzen Sie deshalb nicht zu früh und geben Sie den Pflanzen einen sonnigen Standort. Zucchini lieben leichte Böden, die viel organische Substanzen enthalten und im Sommer kühl sind.

Aussaatzeitpunkt:
April–Mai

Keimdauer:
6–8 Tage

Ernte:
Juni–September

Ertrag:
etwa 10 Zucchini pro Pflanze

Gießen:

Krankheiten und Schädlinge:
Echter Mehltau, Milben (bei großer Hitze)

AUSSAAT DIREKT INS FREILAND

Ab Mitte Mai kann direkt ins Freiland gesät werden. Bereiten Sie 15–20 cm weite und ebenso tiefe Saatlöcher vor, die Sie mit Kompost füllen. Die Löcher müssen allseitig einen Abstand von 1 m wahren.

Empfehlenswerte Sorten

F1-Hybride:

'Aurore', von ausgezeichnetem Geschmack.

'Ambassador', 'Diamant', 'Gold Rush'.

'Superba', für schwierige Klimabedingungen geeignet.

In diese Saatlöcher legen Sie 1–2 cm tief 2–3 Samen. Drücken Sie die Erde fest und gießen Sie dann mit feiner Brause. Halten Sie den Boden feucht, bis nach etwa 15 Tagen die ersten Blätter erscheinen.

Ausdünnen

15 Tage nach der Aussaat schwache Pflanzen ausreißen. In jedem Anzuchttopf nur die kräftigste Pflanze stehen lassen. Die Anzuchttöpfe werden dann in den geöffneten Frühbeetkasten gestellt.

Von den Pflanzen im Freiland entfernt man nach 15 Tagen die schwächsten aus jeder Gruppe und vereinzelt auf 1 m.

Pflanzen

Im Mai, also 3–4 Wochen nach der Aussaat, pflanzen Sie im Gemüsegarten die jungen Zucchini in 15–20 cm breite und ebenso tiefe Löcher, die Sie mit Kompost gefüllt haben. Der Abstand beträgt 80 x 80 cm.

Falls Sie weder Zeit noch den nötigen Platz haben, Zucchini zu säen, können Sie Pflanzen in Anzuchttöpfen auch in einer Gärtnerei kaufen. Die Setzlinge werden ebenfalls im Mai gepflanzt.

Dieser Zucchini ist ungefähr 15 cm lang und sollte geerntet werden

Sobald sich Früchte bilden, gießen Sie reichlich während des ganzen Sommers, aber machen Sie nicht die Blätter nass. Decken Sie den Boden mit Stroh oder einer Mulchfolie ab, damit der Boden nach dem Gießen länger feucht bleibt und von Anfang an verhindert wird, dass sich Unkraut ausbreitet.

Die Ernte

Sobald die Zucchini eine Länge von15–20 cm und die runden 8–10 cm Durchmesser haben, werden sie geerntet, indem man den fleischigen Stiel abschneidet, mit dem die Frucht an der Pflanze hängt.
Zucchini wachsen schnell. Kontrollieren Sie die Pflanzen alle 2 Tage und ernten Sie die reifen Früchte.

Zucchiniblüten können Sie in Teig ausbacken (Beignets). Man verwendet hierzu die männlichen Blüten (die keine Früchte bilden). Die weiblichen Blüten erkennen Sie leicht an dem etwas aufgetriebenen Stiel.

Vor dem ersten Frost

Die übrig gebliebenen Pflanzen im Oktober ausreißen und verbrennen oder wegwerfen. Sie gehören nicht auf den Kompost, denn am Ende der Saison sind sie Krankheitsüberträger (Echter Mehltau).

★★

Zuckermais

Gräser

Kulturanleitung

Aussaat

DIREKT INS FREILAND ★

Beim Umgraben arbeiten Sie 4–5 kg Kompost je m² oder einen geeigneten Volldünger in den Boden ein. Bei letzterem beachten Sie bitte die Dosierrichtlinien auf der Packung.

Zwischen Mai und Mitte Juni, sobald in Ihrer Gegend keine Fröste mehr zu fürchten sind, säen Sie den Mais in Gruppen von 3–4 Körnern in 2 cm tiefe Saatlöcher in Abständen von 40 cm.

Drücken Sie die Erde über den Saatlöchern recht fest und gießen Sie mit feiner Brause. Halten Sie das Beet gut feucht, bis etwa 12 Tage später die ersten Blätter erscheinen.

Bauen Sie den Mais in 2 Reihen im Abstand von 50–60 cm an, damit sich die Pflanzen gegenseitig gut bestäuben können.

Der Mais liebt fruchtbare, leicht saure und sommerfeuchte Böden, die reichlich organische Substanzen enthalten. Gönnen Sie ihm einen sonnigen, windgeschützten Standort. Säen Sie Zuckermais nicht zu früh, denn er ist frostempfindlich.

Aussaatzeitpunkt:
Mai–Mitte Juni

Keimdauer:
10–12 Tage

Ernte:
August–September

Ertrag:
4–6 Maiskolben pro Pflanze

Gießen:

Krankheiten und Schädlinge:
Maiszünsler

Ausdünnen

Einen Monat nach der Aussaat sind die Maispflänzchen 10 cm hoch. Entfernen Sie die schwächsten aus jeder Gruppe und lassen Sie nur jeweils eine Pflanze stehen.

Empfehlenswerte Sorten

F1-Hybride 'Epidor', 20 cm lange Kolben.

F1-Hybride 'Shaman's Blue', blau-violette Körner.

F1-Hybride 'Majeur', 6–8 cm lange Kölbchen zum Einlegen in Essig.

Anderthalb Monate nach der Aussaat

Wenn die Maispflanzen 20 cm hoch sind, häufeln Sie Erde um sie herum bis zur Basis der Stiele.

Wenn die männlichen Blüten, eine Art beiger pollenhaltiger Federwisch an der Spitze des Stängels, aufblühen, schütteln Sie die Maispflanze, um den Kontakt zu den weiblichen Blüten am unteren Teil des Stängels zu fördern.

In seiner ursprünglichen Heimat (Lateinamerika) wurde der Mais in der Nachbarschaft von Kürbissen angebaut. Diese halten den Boden kühl, während jener ihnen im Hochsommer Schatten spendet.

Die Ernte

Drei Monate nach der Aussaat, je nach deren Zeitpunkt im Sommer oder Anfang Herbst, zieht man die noch grünen Blätter von den Maiskolben um zu testen, ob die Körner reif sind: Sie müssen wohl geformt und glatt sein, auf Druck eines Fingernagels nachgeben und eine milchig-weiße Farbe haben.

Fassen Sie den Stiel mit der einen Hand. Ziehen Sie den Maiskolben sanft mit der anderen vom Stiel weg, dann lässt er sich ganz leicht abbrechen.

Verspeisen Sie die Maiskolben so bald wie möglich: Der in den Körnern enthaltene Zucker wird nach der Ernte in Stärke umgebaut, und dann werden die Körner zäh.

Vor dem ersten Frost

Wenn die Ernte beendet ist, reißen Sie die Maispflanzen aus dem Boden. Die gesunden in Stücke zerschneiden oder schreddern und zum Komposthaufen geben. Kranke Stängel verbrennen: Die kaliumreiche Asche können Sie in den Boden um die Obstbäume einarbeiten.

★

Zwiebel, Küchenzwiebel

Liliengewächse

Kulturanleitung

Die Zwiebel ist genügsam, bevorzugt aber gelockerte Böden. Staunässe, Stallmist oder Kompost werden nicht vertragen. Sie mag Sonne und Wärme. Je wärmer sie aufwächst, desto milder wird ihr Geschmack.

Aussaatzeitpunkt:
März–April
Anfang August (Winterzwiebeln)
Keimdauer:
15–25 Tage
Ernte:
Juli–August
April–Mai (überwinterte Zwiebeln)
Ertrag:
5–10 Zwiebeln pro Reihenmeter
Gießen:
nicht nötig
Krankheiten und Schädlinge:
Zwiebelbrand, Falscher Mehltau, Blattläuse, Zwiebelfliege

Aussaat

DIREKT INS FREILAND ★★

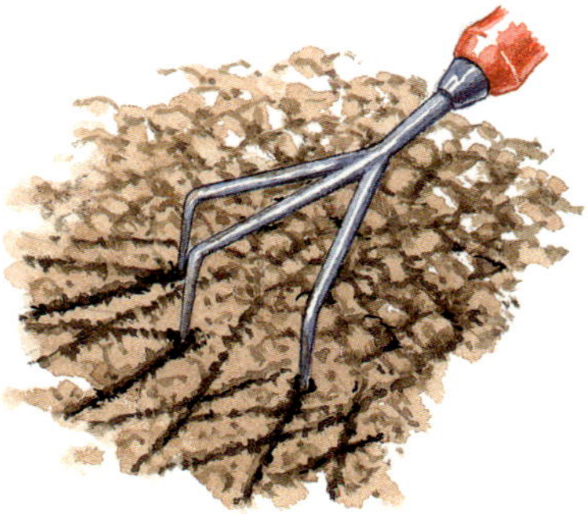

Im März/April das Beet umgraben, die Schollen mit dem Grubber zerkleinern und zum Schluss mit dem Rechen einebnen. Dann zieht man flache Furchen im Abstand von 20–25 cm.

Verteilen Sie die Samen für farbige Zwiebeln gleichmäßig in der Furche, etwa jeden Zentimeter ein Samenkorn.

Die Furche mit Erde bedecken und mit dem Rücken des Rechens ordentlich festdrücken. Gießen Sie mit feiner Brause und halten Sie das Beet feucht, bis nach 3–4 Wochen die ersten fadenförmigen Blätter erscheinen.

Gesäte Zwiebeln kommen viel später als Steckzwiebeln, sind aber hervorragend lagerfähig. Hingegen werden aus Steckzwiebeln gezogene Zwiebeln sehr groß.

Stecken

Anstatt zu säen können Sie Anfang März Steckzwiebeln setzen, die im Fachhandel in großer Auswahl erhältlich sind. Stecken Sie alle 15 cm 1 Zwiebelchen; Reihenabstand 25–30 cm. Drücken Sie die Zwiebeln mit den Fingern so in die Erde, dass die Spitzen gerade noch herausschauen.

Sie können Steckzwiebeln auch selbst heranziehen: Aussaat April–Mai, Reihenabstand 15 cm, Saatmenge 15 g/m². Geerntet wird im Juli. Die Zwiebeln trocknen lassen und bis zum nächsten Frühjahr trocken lagern.

Empfehlenswerte Sorten

Haushaltszwiebeln: 'Barletta', 'Elody', 'Stuttgarter Riesen', 'Braunschweiger Dunkelblutrote'.

Gemüsezwiebeln: 'The Kelsae', 'Ailsa Craig', 'Yellow Sweet Spanish'.

Ausdünnen

Gut anderthalb Monate nach der Aussaat sind die jungen Pflanzen 8–10 cm hoch. Entfernen Sie die schwächsten und lassen Sie nur alle 15 cm eine Zwiebel stehen.

Falls es gegen Ende des Frühjahrs und am Sommeranfang besonders viel regnet, biegen Sie das Zwiebelkraut nach unten, indem Sie leicht mit dem Rechen dagegen drücken. Dadurch wird die Reifung beschleunigt.

Die Ernte

Im Juli oder August, wenn das Zwiebelgrün trocken wird, heben Sie mit der senkrecht und quer zur Pflanzreihe eingestochenen Grabegabel die Zwiebeln aus der Erde. Falls nötig, ziehen Sie sacht an der Basis des Zwiebelgrüns. Lassen Sie die Zwiebeln an Ort und Stelle 1–3 Tage trocknen.

Bündeln Sie je 6–8 Zwiebeln und hängen Sie diese an einen kühlen, trockenen, luftigen und vor allem frostfreien Platz.
Sie können die Zwiebeln auch jeweils einschichtig in flachen Kisten lagern. Farbige Zwiebeln sind den ganzen Winter über lagerfähig.

Der Anbau weißer Zwiebeln

Weiße Zwiebeln werden im Sommer gesät und im darauf folgenden Frühjahr geerntet. Man verwendet sie noch weiß, bevor sie ganz reif sind. Falls Sie Ihre Cornichons mit kleinen Zwiebeln einmachen wollen, säen Sie diese auch erst im Frühjahr, denn dann werden die Zwiebeln nicht sehr groß.

1

Von Mitte August bis Mitte September werden die Zwiebelsamen breitwürfig gleichmäßig im Anzuchtbeet verteilt.

2

Rechen Sie die Erde ganz sacht, sodass die Samen nur eben bedeckt sind. Mit dem Rücken des Rechens festdrücken und mit feiner Brause gießen.

3

Gegen Ende Oktober sind die jungen Zwiebeln 6–8 cm hoch und werden an Ort und Stelle in Reihen mit 20 cm Abstand alle 10 cm umgepflanzt.

4

Sobald die Zwiebeln 3–5 cm dick und ihre Blätter noch grün sind, ziehen Sie sie an der Basis vorsichtig aus der Erde.

Küchenkräuter und Gewürzpflanzen ***von A bis Z***

★★

Basilikum

Lippenblütler

Kulturanleitung

Das einjährige Basilikum liebt Wärme und Sonne: Pflanzen Sie es erst, wenn keine Nachtfrostgefahr mehr besteht. Bieten Sie ihm vor allem in nördlichen Regionen einen geschützten Standort mit lockerem, an organischem Material reichen Boden.

Aussaat

IN DER ANZUCHTSCHALE ★★

Im April/Mai eine Pflanzschale bis 1 cm unter den Rand mit Anzuchterde füllen. Verteilen Sie die Basilikumsamen gleichmäßig, nachdem Sie die Erde zuvor gut befeuchtet haben.

Bedecken Sie die Samen dünn mit feinkörniger Erde, drücken Sie alles mit einem kleinen Brett fest und gießen Sie mit feiner Brause. Stellen Sie die Pflanzschale an einen mäßig kühlen (etwa 15–16 °C), sehr hellen Platz. Die Pflanzschale gut feucht halten, bis nach etwa drei Wochen die ersten Blätter erscheinen.

Aussaatzeitpunkt:
April–Mai
Keimdauer:
2 Wochen
Ernte:
Juli–Oktober
Gießen:

Krankheiten und Schädlinge:
Schnecken, Blattläuse

Pikieren

Nach etwa 3–4 Wochen haben die jungen Basilikumpflanzen 3–4 Blätter. Ziehen Sie die Pflänzchen vorsichtig mithilfe eines kleinen Spatels aus und pflanzen Sie jeweils eins sofort in Anzuchttöpfe von 8 cm Kantenlänge, die mit gewöhnlicher Komposterde gefüllt sind. Die Erde um die Pflänzchen fest andrücken und gießen Sie kräftig mit der Tülle. Stellen Sie die Anzuchttöpfe draußen ins Frühbeet.

Empfehlenswerte Sorten

'Bubikopf', 'Kleines Feinblättriges', 'Genueser Basilikum', 'Dark Opal', 'Lemon', 'Balkonstar' (für die Kultur im Topf oder im Blumenkasten).

Pflanzen

Im April oder Mai, wenn in Ihrer Gegend keine Fröste mehr drohen, setzen Sie die jungen Basilikumpflanzen mit ihrem Wurzelballen ins Freie um, im Abstand von 20–25 cm. Nach dem Auspflanzen sofort reichlich mit der Tülle gießen, danach mindestens einmal pro Woche ohne die Blätter nass zu machen.

Anderthalb Monate nach dem Pflanzen, so ab Juli und während des ganzen Sommers schneiden Sie die Blütenstände ab, sobald sie auftauchen. Dadurch wird das Wachstum der Blätter angeregt.

Falls Sie weder die Zeit noch den nötigen Platz haben, um Basilikum auszusäen, können Sie Pflanzen in Anzuchttöpfen in der Gärtnerei kaufen. Diese pflanzen Sie ebenfalls im April oder Mai.

Die Ernte

Ab Juli schneidet man bei Bedarf die Basilikumstängel mindestens 10 cm über dem Boden ab. Sie können auch einzelne Blätter abzupfen.

Vor dem ersten Frost

Im Oktober ernten Sie die letzten Blätter, reißen die restlichen Pflanzen aus und werfen sie auf den Komposthaufen.

Die geernteten Basilikumblätter lassen sich schlecht aufbewahren und sollten deshalb sofort verwendet werden. Andernfalls die Blätter sehr fein hacken und in Olivenöl einlegen.

Bohnenkraut

Lippenblütler

Kulturanleitung

Pflanzen

Im Gegensatz zum einjährigen Bohnenkraut ist das mehrjährige Winterbohnenkraut im Aroma noch kräftiger. Bohnenkraut gedeiht am besten auf trockenen, leicht kalkhaltigen Böden und scheut Nässe. Pflanzen Sie es an einen recht warmen, sonnigen Platz.

Das einjährige Bohnenkraut kann im April oder Mai in Reihe gesät und zur gleichen Zeit wie das ausdauernde Bohnenkraut geerntet werden.

Besorgen Sie sich im März/April oder im Oktober eine Pflanze im Anzuchttopf oder eine größere im Container. Wässern Sie die Pflanze gründlich, bevor Sie sie austopfen. Den Wurzelballen mit den Fingern lockern und das Bohnenkraut mit einer Blumenkelle pflanzen. Erde gut andrücken und angießen (ohne Brause).

Schneiden Sie die Pflanze nach der Blüte, im August oder September, zurück, um die welken Blüten zu entfernen und die Bildung neuer Zweige anzuregen.

Pflanzzeitpunkt:
März–April
Oktober
Ernte:
Juni–Oktober
Gießen:
Nicht erforderlich
Krankheiten und Schädlinge:
Keine

Empfehlenswerte Art
Satureja montana

Die Ernte

Vom Juni bis zu den ersten Frösten schneiden oder zupfen Sie sich bei Bedarf die Zweigspitzen ab, die Sie brauchen.

Gießen Sie die Pflanze während des ersten Sommers regelmäßig etwa einmal in der Woche. In den folgenden Jahren ist das überflüssig.

Chinesische Lauchzwiebel

Liliengewächse

Kulturanleitung

Aussaat

DIREKT INS FREILAND

Im September oder Oktober verteilen Sie in einer flachen Furche ungefähr alle 3–5 cm die Samen. Schließen Sie die Furche, gießen mit feiner Brause und warten auf das kommende Frühjahr: Erst dann sprießen die ersten Blätter. Eine Reihe wird Sie ausreichend versorgen. Sie können auch im Frühjahr säen und ernten dann drei Monate später.

Die chinesische Lauchzwiebel ist eine Gewürzpflanze, deren nach Knoblauch schmeckende Blätter und Blüten verzehrt werden. Sie mag leichte, sommerkühle Böden und viel Sonne.

Die Ernte

Im Mai und Juni ernten Sie nach Bedarf die Blätter, die Sie sofort verbrauchen möchten. Man schneidet sie wie Schnittlauch dicht über dem Boden ab.

Ab Juli werden die Blätter hart und die Blüte beginnt. Pflücken Sie dann die Blüten, sobald sie sich öffnen. Sie werden wie die Blätter als Gewürz über Salate und andere Rohkost gestreut.

Empfehlenswerte Sorte
Es ist nur die Art im Handel.

Aussaatzeitpunkt:
September–Oktober
März–Mai

Keimdauer:
6 Monate (Herbstsaat)
1 Monat (Frühjahrssaat)

Ernte:
Mai–Juni (Blätter)
Juli–Oktober (Blüten)

Gießen:

Krankheiten und Schädlinge:
Keine

Dill

Doldengewächse

Kulturanleitung

Die Blätter des Dills sind elegant und duften stark: Ihr Anisgeschmack verträgt sich gut mit Fisch. Die Pflanze „möchte den Kopf im Feuer der Sonne und die Füße im feuchten Schatten haben".

Aussaat

Direkt ins Freiland

Im April bis Mai werden 1–2 cm tiefe Furchen im Abstand von 20 cm gezogen. Verteilen Sie die Samen locker auf dem Grund der Furche, füllen sie mit Erde, drücken sie mit dem Rücken des Rechens fest und gießen mit feiner Brause. Halten Sie die Erde feucht, bis oft nur 15 Tage später die ersten Blätter sichtbar werden.

Ausdünnen

Ungefähr drei Wochen später, wenn die jungen Pflanzen gut 10 cm hoch sind, entfernen Sie die schwächsten, sodass zwischen den Dillpflanzen jeweils 25–30 cm frei bleiben.

Falls Sie am Ende der Saison keine Dillsamen ernten wollen, schneiden Sie regelmäßig die Pflanzen, die höher als 20 cm geworden sind, bis auf wenige Zentimeter über dem Boden zurück: Auf diese Weise verhindern Sie die Blüte, die mit der üppigen Bildung von Blättern konkurriert.

Empfehlenswerte Sorte
'Elefant', 'Sari', 'Tetra Dill'.

Aussaatzeitpunkt:
April–Mai
Keimdauer:
3 Wochen
Ernte:
Mai–Oktober (Kraut)
September (Samen)
Gießen:
Nicht erforderlich
Krankheiten und Schädlinge:
Keine

Die Ernte

Ab Mai bei Bedarf die Dillzweige abbrechen oder mit einem Messer abschneiden. Die jungen Blätter haben das intensivste Aroma.

Wenn im September die Blüten braun geworden sind, schneiden Sie sie mitsamt dem Stiel ab. Lassen Sie sie an einem luftigen Platz trocknen und bewahren Sie sie in dicht verschlossenen Behältern auf.

Erwarten Sie keine reiche Samenernte, zu schnell fallen die Samen bei der kleinsten Bewegung zu Boden.

Vor dem ersten Frost

Reißen Sie die Dillpflanzen Ende Oktober oder Anfang November aus. Werfen Sie sie auf den Kompost, nachdem Sie gegebenenfalls zuvor die Blütenstände entfernt haben, um die Samenkörner zu sammeln.

Die Samenkörner können Sie für die Aussaat im kommenden Frühjahr verwenden.

Engelwurz, Angelika

Doldengewächse

Kulturanleitung

Die Engelwurz ist eine üppige Pflanze: Sie beansprucht etwa 1 m² Platz, um sich gut zu entwickeln. Gönnen Sie ihr einen sonnigen Standort mit tiefem, leichtem Boden, der reich ist an organischem Material. Die Pflanze kann zwei Jahre am selben Standort bleiben.

Empfehlenswerte Sorte
Nur die Art ist erhältlich.

Pflanzzeitpunkt: *März–April*
Ernte:
Im Sommer nach dem Pflanzen
Gießen:

Krankheiten und Schädlinge:
Keine

Pflanzen

Im März oder April tauchen Sie die Pflanzen mit dem Topf ein paar Minuten in ein Becken mit Wasser. Dann lösen Sie die Pflanze mit dem Ballen aus dem Topf und lassen sie so in das Pflanzloch gleiten, dass die Oberseite des Ballens noch eben aus dem Erdreich herausschaut. Pflanzabstand 80–100 cm.

Gießen Sie während des Sommers bei trockenem Wetter regelmäßig.

Füllen Sie die Pflanzlöcher mit der ausgehobenen Erde, die Sie mit einer Hand voll Kompost vermischt haben. Drücken Sie die Erde um die Pflanze mit beiden Händen gut an und gießen Sie reichlich ohne Brause.

1–2 Angelikapflanzen sind völlig ausreichend für Ihren Bedarf. Die Aussaat ist nich unproblematisch, kaufen Sie deshalb lieber junge Pflanzen im Anzuchttopf .

Die Ernte

Im ersten Jahr schneiden Sie bei Bedarf die Blätter und die Stiele ab, bis Anfang Juli die Blüte einsetzt.

Die Stiele werden in Zucker kandiert verwendet. Die Samen verwendet man wie Selleriesamen.

Im zweiten Jahr, wenn sich die Blüten im September braun verfärbt haben, werden sie mit dem Stiel abgeschnitten. Nachdem sie an einem luftigen Platz getrocknet wurden, werden sie in luftdichten Schachteln aufbewahrt.

Vor dem ersten Frost

Nach dem Pflanzen schneiden Sie im selben Jahr Ende Oktober bis Anfang November die trockenen Angelikablätter bis an den Boden ab. Genau ein Jahr später um dieselbe Zeit reißen Sie alle Reste aus und werfen sie auf den Kompost, nachdem Sie die Blütenstände gerettet haben, um die Samen zu gewinnen.

Estragon

Korbblütler

Kulturanleitung

Der Estragon ist eine ausdauernde, jedoch frostempfindliche Pflanze. Er liebt leichte, durchlässige Böden und Sonne. Bei Nässe, vor allem im Winter kann es schnell zu Frostschäden kommen. Im Herbst schneidet man den Estragon ab, er treibt im Frühjahr neu.

Pflanzen

Im März oder April nehmen Sie die Pflanzen aus den Anzuchttöpfen, nachdem Sie sie ein paar Minuten in eine Schüssel mit Wasser gestellt haben. Streifen Sie ein bisschen Erde vom Wurzelballen und setzen Sie ihn in das Pflanzloch: Der Ballen soll eben mit der Erdoberfläche abschließen. Lassen Sie zwischen den einzelnen Pflanzen 50 cm frei.

Füllen Sie das Pflanzloch mit der ausgehobenen Erde, die Sie mit einer Hand voll Kompost vermischt haben. Drücken Sie die Erde mit beiden Händen fest um die Pflanze an und gießen Sie reichlich mit der Tülle.

Bei Böden, die im Winter schwer und feucht sind, geben Sie eine gute Lage Kies auf den Grund des Pflanzlochs.

Pflanzzeitpunkt:
März–April
Ernte:
Von Mai bis zum ersten Frost
Gießen:
nicht nötig
Krankheiten und Schädlinge:
Rost

Die Ernte

Von Mai bis zum ersten Frost, also je nach Gegend im Oktober oder November, wird der Estragon nach Bedarf geerntet. Achten Sie darauf, die Stängel mit der Gartenschere mindestens 10 cm über dem Boden abzuschneiden.

Empfehlenswerte Sorte

'Russie', eine frostharte Sorte.

Schneiden Sie, wenn der Sommer beginnt, die Blüten tragenden Stängel ab, bevor sich die Blüten öffnen.

Teilen Sie alle 3–4 Jahre im März Ihre Estragonpflanze: die Erde von den Wurzeln abklopfen und den Ballen in 3–4 Stücke mit mindestens 4–5 Stängelansätzen teilen. Pflanzen Sie diese Teilstücke sofort in Erde.

Vor dem ersten Frost

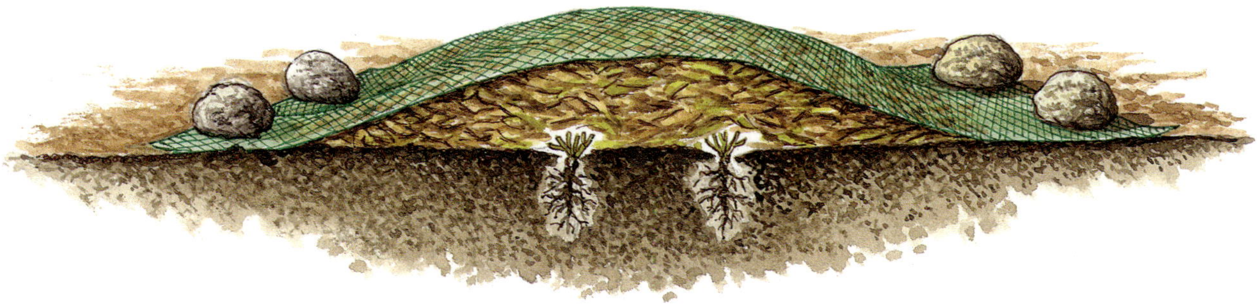

Schneiden Sie Ende Oktober oder Anfang November sämtliche Stängel am Boden ab und häufeln Sie eine 6–8 cm dicke Laubschicht über die Pflanze. Spannen Sie ein Plastiknetz darüber, das Sie an den Rändern befestigen.

Kerbel

Doldengewächse

Kulturanleitung

Säen Sie Kerbel zu Frühjahrsbeginn und im Herbst an einen sonnigen, im Sommer an einen schattigen Platz, denn er verträgt keine Wärme. Pflanzen Sie ihn in kühlen, leichten Boden, der reich ist an organischem Material. Um die Erntezeit zu verlängern, mehrmals aussäen.

Empfehlenswerte Sorten
'Glattblättriger', 'Mooskrauser Kerbel', 'Commun'.

Aussaatzeitpunkt:
März–September
Keimdauer:
10 Tage
Ernte:
Mai–November
Gießen:
Krankheiten und Schädlinge:
Keine

Aussaat

DIREKT INS FREILAND

Ab März ziehen Sie 1 cm tiefe Furchen, an deren Grund Sie die Samen großzügig verteilen. Bedecken Sie die Saat mit Erde, drücken Sie sie mit dem Rücken des Rechens fest und gießen Sie mit feiner Brause. Für eine ausreichende Versorgung reicht 1 Reihe. Halten Sie den Boden feucht, bis 1 Woche später die ersten Blätter erscheinen.

Je wärmer es wird, desto schneller gelangt der Kerbel zur Blüte. Säen Sie bis im September alle 15 Tage nach, um die Erntezeit zu verlängern.

Die Ernte

Anderthalb Monate nach der Aussaat werden die Blätter bei Bedarf am Boden abgeschnitten. Der Beginn der Blüte markiert das Ende der Ernte.

In Gegenden mit mildem Klima können Sie Kerbel den ganzen Winter über halten. Falls es sehr kalt wird, decken Sie die Pflanzen mit einer Glocke ab.

Koriander

Doldengewächse

Kulturanleitung

Die einjährige Gewürzpflanze gedeiht in leichten, warmen leicht kalkhaltigen Böden. Geben Sie ihm einen geschützten und sonnigen Standort. Man verwendet die frischen Korianderblätter und die getockneten Samen. Koriander ist auch unter dem Namen „chinesische (oder „arabische“) Petersilie“ bekannt.

Aussaat

DIREKT INS FREILAND

Ziehen Sie im 1–2 cm tiefe Furchen im Abstand von 30–40 cm. Verteilen Sie die Koriandersamen nicht zu dicht am Boden der Furche, bedecken sie mit Erde, drücken sie mit dem Rücken des Rechens fest und gießen mit feiner Brause.
Halten Sie den Boden feucht, bis die ersten Blätter erscheinen, was manchmal bis zu drei Wochen dauern kann.

Im Süden kann man Koriander im September säen. Die Pflanzen blühen dann früher und werden meist höher.

Ausdünnen

Nach anderthalb Monaten, wenn die Jungpflanzen 4–5 Blätter haben, ziehen Sie die schwächsten Pflanzen heraus und lassen alle 20 cm nur eine stehen.

Aussaatzeitpunkt:
April
Keimdauer:
2–3 Wochen
Ernte:
Juli (Blätter) oder August (Samen)
Gießen:
Nicht erforderlich
Krankheiten und Schädlinge:
Keine

Die Ernte

Empfehlenswerte Sorten
'Commune', 'Slow Bolt'.

Mit Beginn des Sommers und bis zum Aufgehen der Blüten (im August) schneidet man bei Bedarf Korianderzweige tief am Boden ab.

Wenn an einem schönen sonnigen Tag im August die Blüten sich verfärbt haben und fast trocken sind, reißen Sie alle Pflanzen aus und schneiden die Blüten mitsamt den Stielen ab. Hängen Sie sie zum Trocknen gebündelt an einen luftigen Platz. Verwahren Sie die Samen maximal ein Jahr lang in fest verschlossenen Behältern. Die Reste der Korianderpflanzen werfen Sie auf den Kompost.

In windigen Gegenden setzt man an mehreren Stellen der Saatreihe verzweigte Äste in den Boden, um die hoch gewachsenen Blütenstände zu stützen.

Lauchzwiebel und Schnittlauch

Liliengewächse

Kulturanleitung

Aussaat

DIREKT INS FREILAND

Im März oder April ziehen Sie 1–2 cm tiefe Furchen, in denem Sie die Samen großzügig verteilen. Mit Erde bedecken, mit dem Rücken des Rechens festdrücken und mit feiner Brause gießen. Eine Saatreihe bringt ausreichenden Ertrag.
Halten Sie den Boden feucht, bis nach etwa 15 Tagen die ersten Blätter erscheinen.

Die Ernte

Im ersten Jahr ab Sommer und in den folgenden Jahren ab April bei Bedarf die röhrenförmigen Blätter mit dem Messer direkt über dem Boden abschneiden.

Anders als der Schnittlauch weisen die Lauchzwiebeln an der Basis der dickeren, längeren Blätter eine fleischige Verdickung auf.

Lauchzwiebeln und Schnittlauch sind nahe Verwandte. Beide sind ausdauernd, mögen fruchtbaren, nicht zu feuchten Boden sowie Sonne, vertragen aber auch etwas Schatten.

Empfehlenswerte Sorten

Lauchzwiebeln: 'Toga', 'Lange Weiße Milda', 'Red Beard', 'White Lisbon'.

Schnittlauch: 'Commune', 'Hylan Cut I', 'Staro'.

Aussaatzeitpunkt:
März–April

Keimdauer:
12 Tage

Ernte:
April–November

Gießen:

Krankheiten und Schädlinge:
Lauchmotte, Zwiebelfliege

Liebstöckel, Maggikraut

Doldengewächse

Kulturanleitung

Die Blätter von Liebstöckel oder Maggikraut schmecken nach Sellerie und werden entsprechend zum Würzen von Suppen und Saucen verwendet. Die ausdauernde Gewürzpflanze mag fruchtbaren, tiefen Boden und einen sonnigen Standort.

Pflanzen

Kaufen Sie im März oder April junge Liebstöckelpflanzen im Anzuchttopf. Die Pflanze wird zunächst gewässert und aus dem Topf genommen. Lockern Sie oberflächlich die Wurzeln und setzen die Pflanze so tief in das vorbereitete Loch, dass die Oberseite des Wurzelballens und der umgebende Boden eine ebene Fläche bilden.

Füllen Sie das Pflanzloch mit der ausgehobenen Erde auf, die Sie mit einer Hand voll Kompost vermischt haben, drücken sie mit beiden Händen rund um die Pflanze fest. Gießen Sie reichlich und gezielt.

Pflanzzeitpunkt:
März–April
Ernte:
Bereits im ersten Sommer. In den folgenden Jahren von Mai bis zu den ersten Frösten
Gießen:
nicht erforderlich
Krankheiten und Schädlinge:
Keine

Die Ernte

Im ersten Jahr warten Sie bis zum Sommer und pflücken die Blätter bei Bedarf von Hand oder schneiden Sie mit der Gartenschere. In den Jahren danach können Sie bereits im Frühjahr ernten, sobald genügend Blätter entstanden sind.

Die geernteten Blätter können getrocknet und in einem gut schließenden Vorratsbehälter aufgehoben werden.

Empfehlenswerte Sorte

Es gibt nur die Art.

Vom zweiten Jahr an blüht das Maggikraut im Juli/August. Schneiden Sie den Blütenstängel, sobald er sich zeigt, aus dem Herz der Blätter heraus.

Vor dem ersten Frost

Ende Oktober/Anfang November schneidet man sämtliche Blätter knapp über dem Boden ab. Graben Sie den Liebstöckel alle 3 Jahre mit der Erde aus, die den Wurzelballen bildet: Nehmen Sie am besten die Grabegabel zuhilfe.

Schneiden Sie den Wurzelballen mit dem Gartenmesser in 2–3 Stücke, die Sie dann sogleich einpflanzen. Falls Sie mehrere Pflanzen haben möchten, setzen Sie sie mindestens 50 cm auseinander.

Lorbeer

Lorbeergewächse

Kulturanleitung

Der Lorbeer ist ein echter Strauch (oder Baum), stellt an die Qualität des Bodens keine besonderen Ansprüche, ist aber frostempfindlich. Bei uns fühlt er sich im Kübel am wohlsten und an einem sonnigen Platz, der vor kalten Winden geschützt ist.

Im Frühjahr wird es Zeit, den Lorbeer eventuell zu beschneiden, um angemessene Proportionen zu erhalten oder ihm einen bestimmten Formschnitt zu geben.

Pflanzzeitpunkt:
März–April
Oktober
Ernte:
Ganzjährig
Gießen:
nicht nötig
Krankheiten und Schädlinge:
Läuse

Pflanzen

Kaufen Sie im März/April oder im Oktober einen Lorbeer im kleinen Container. Für normalen Bedarf sind Sie mit einer Pflanze ausreichend bedient. Graben Sie ein Pflanzloch, das doppelt so groß sein sollte wie der Wurzelballen und so breit wie hoch. Nehmen Sie den Lorbeer aus seinem Container, nachdem Sie ihn ein paar Minuten gewässert haben. Streifen Sie die Erde oberflächlich ab. Setzen Sie den Lorbeer so tief mitten in das Pflanzloch, dass der Wurzelballen oben mit der Erdoberfläche abschließt.

Die Erde aus dem Pflanzloch vermischt man mit einer Hand voll Kompost und häufelt sie um den Wurzelballen. Festdrücken und dann reichlich gießen (ohne Brause). Im ersten Sommer wird regelmäßig etwa einmal in der Woche gegossen.

Die Ernte

Empfehlenswerte Sorte

Für die Verwendung in der Küche ist der gewöhnliche Lorbeerbaum (*Laurus nobilis*) am besten geeignet.

Vom März bis zum ersten Frost können Sie die Lorbeerblätter pflücken, die Sie gerade zum Kochen benötigen.

Das Aroma der frischen Lorbeerblätter ist intensiver. Pflücken Sie jeweils die dunkelgrünen, etwas spröden Blätter. Die zarten, jüngeren Blätter sind weniger aromatisch.

Im ersten Jahr sollten Sie höchstens ein Viertel der Lorbeerblätter ernten, andernfalls wird der neu gepflanzte Lorbeer zu sehr geschwächt.

Vor dem ersten Frost

In sehr kalten Gegenden sollte der Lorbeer mit einer 6–8 cm dicken Strohschicht geschützt werden. Hüllen Sie die Blätter in Luftkissenfolie ein, um die Sie spiralförmig eine Schnur wickeln.

Majoran, Oregano

Lippenblütler

Kulturanleitung

Majoran ist eine ausdauernde Gewürzpflanze. Sie liebt fruchtbaren, lockeren, leicht kalkhaltigen Boden. Trockenheit und Kälte verträgt sie problemlos. Geben Sie ihr einen Platz an der Sonne. Oregano schmückt sich im Sommer mit weißen, rosa- oder purpurfarbenen Blüten.

Aussaat

Ins Anzuchtbeet

Säen Sie zwischen April und Juni ein wenig Origanumsamen in einer Ecke des Anzuchtbeetes aus. Dünn mit Erde bedecken, mit dem Rücken des Rechens festdrücken und mit feiner Brause angießen. Feucht halten, bis die ersten Blätter sichtbar werden, was etwa drei Wochen, manchmal sogar länger dauert.

Pflanzen

Ziehen Sie die jungen Pflanzen, wenn sie anderthalb Monate später 4–5 Blätter haben, vorsichtig mithilfe eines Setzholzes aus der Erde. Sie werden dann im Abstand von 30 cm im Gemüsegarten ausgepflanzt.

Bei schwerem und im Winter feuchtem Boden geben Sie eine 6–8 cm dicke Kiesschicht in das Pflanzloch.

Aussaatzeitpunkt:
April–Juni
Keimdauer:
2–3 Wochen
Ernte:
Juli–September
Gießen:
nicht erforderlich
Krankheiten und Schädlinge:
Keine

Die Ernte

Empfehlenswerte Sorten

Alle Sorten eignen sich für den Gebrauch in der Küche.

Von Juli bis September schneidet man bei Bedarf Stängel mit oder ohne Blüten 12–15 cm über dem Boden ab.

Schneiden Sie alle Zweige der Pflanze vor dem Winter 10–15 cm über der Erde ab.

Um Majoran für den Winter aufzuheben, werden die Stängel am Beginn der Blüte wenige Zentimeter über dem Boden abgeschnitten. Sie werden mit den Köpfen nach unten an einem luftigen, schattigen Ort zum Trocknen aufgehängt und anschließend in dicht schließenden Behältern aufbewahrt.

Meerrettich, Kren

Kreuzblütler

Kulturanleitung

Diese Staude wird wegen ihrer fleischigen, scharf wie Senf schmeckenden Wurzel angebaut. Der Meerrettich gedeiht in allen leichten und bis in die Tiefe lockeren Böden, die viel organisches Material enthalten. Gönnen Sie ihm einen Platz an der Sonne.

Empfehlenswerte Sorte
Im Fachhandel erhalten Sie Wurzelableger.

Pflanzzeitpunkt:
März–April
Ernte:
Das ganze Jahr über, solange der Boden nicht gefroren ist
Gießen:

Krankheiten und Schädlinge:
Keine

Pflanzen

Besorgen Sie sich im März oder April junge Meerrettichpflanzen in Anzuchttöpfen. Nehmen Sie die zuvor gut gewässerten Wurzelballen aus den Töpfen und lockern sie mit den Fingern auf. Setzen Sie die Pflanzen in Abständen von 40 cm in Pflanzlöcher: Der Wurzelballen soll oben mit dem umgebenden Boden abschließen. Füllen Sie das Pflanzloch mit einer Mischung aus Kompost und Gartenerde. Sorgfältig ohne Brause angießen.

Im Verlauf des Sommers macht der Meerrettich Anstalten zu blühen. Entfernen Sie die Blütenstiele so bald wie möglich, denn sie schwächen die Pflanze.

Die Ernte

In den folgenden Jahren können Sie bei Bedarf ernten. Stechen Sie die Grabegabel möglichst senkrecht 20 cm vor der Pflanze ein und heben Sie sie vorsichtig an. Dann packen Sie die Blätter an der Basis und ziehen die Wurzel ganz heraus.

Sichern Sie sich die Erträge Ihrer Pflanze: Bei der Frühjahrsernte (März) bricht man einige Wurzeln in 10 cm große Stücke. Diese werden dann senkrecht so in die Erde gepflanzt, dass sie oben noch eben herausschauen. Sie können auch Seitenwurzeln verwenden.

Vor dem ersten Frost

Ende Oktober oder Anfang November schneidet man sämtliche Blätter wenige Zentimeter über dem Boden ab. Wenn Sie bis in den April hinein ernten wollen, decken Sie jede Pflanze mit einer 6–8 cm dicken Laubschicht ab.

Melisse

Lippenblütler

Kulturanleitung

Zerreibt man ihre Blätter zwischen den Fingern, dann entfaltet die Melisse einen Duft nach Zitrone, der an den Zitronenstrauch erinnert. Die Melisse bevorzugt leichte, durchlässige, tiefe und warme Böden. Im Süden ist sie dankbar für leichten Schatten, in nördlichen Gegenden braucht sie einen windgeschützten Platz in voller Sonne.

Pflanzen

Im März oder (in Gegenden mit milden Wintern) im September weicht man den Wurzelballen einer jungen Pflanzen einige Minuten in Wasser ein und nimmt ihn dann aus dem Topf. Entfernen Sie mit den Fingern oberflächlich die Erde von dem Ballen und setzen Sie ihn in die Mitte des Pflanzlochs: Die Oberseite des Ballens soll mit der Erdoberfläche abschließen. Mehr als 1 Pflanze wird nicht benötigt.

Die Melisse kann ganz einfach von April bis Juni gesät werden. Sie bekommen dann zahlreiche Pflanzen.

Pflanzzeitpunkt:
März–April
September–Oktober
Ernte:
Mai–Oktober
Gießen:
nicht erforderlich
Krankheiten und Schädlinge:
Keine

Füllen Sie das Pflanzloch mit der ausgehobenen Erde, die Sie mit einer Hand voll Kompost vermischt haben. Gut mit der Hand festdrücken und reichlich gießen (ohne Brause).

Die Ernte

Empfehlenswerte Sorte

Die gewöhnliche grüne Melisse hat das meiste Aroma und eignet sich am besten für die Küche.

Von Mai bis zu den ersten Frösten erntet man die Spitzen der Stängel mit den jüngsten und aromatischsten Blättern.

Schneiden Sie am Beginn des ersten Sommers nach dem Pflanzen die Stängel etwa zur Hälfte zurück, um eine Blüte zu vermeiden: Diese geht nämlich auf Kosten eines üppigen Blattwerks.

Vor dem ersten Frost

Ende Oktober oder Anfang November schneiden Sie sämtliche Stängel 10 cm über dem Boden ab. Falls es sehr kalt wird, decken Sie die Pflanze mit Noppenfolie ab, bis das Wetter milder wird.

Teilen Sie die Melisse alle 3–4 Jahre im März/April: Den Wurzelballen aus der Erde nehmen und mit dem Gartenmesser in 2–3 Stücke schneiden, die mit Wurzeln und Stängelbasis versehen sein müssen. Sofort einpflanzen.

Minze

Lippenblütler (Labiatae)

Kulturanleitung

Die Minze zählt zu den Stauden. Sie mag fruchtbaren, kühlen, also feuchten, und lockeren Boden, an leicht schattigem Standort. Machen Sie sich darauf gefasst, dass sie sich unterirdisch hemmungslos ausbreitet. Den Winter über zieht sie vollständig ein.

Pflanzen

Nehmen Sie März/April die gewässerten Jungpflanzen aus den Töpfen. Lockern Sie den Wurzelballen mit den Fingern und setzen Sie ihn mitten in das vorbereitete Pflanzloch. Die Basis der Stängel können Sie mit Erde bedecken. Lassen Sie zwischen den einzelnen Pflanzen 30–40 cm Abstand.

Mischen Sie unter die ausgehobene Erde eine Hand voll Kompost und füllen Sie damit das Pflanzloch. Gut andrücken und reichlich mit der Tülle gießen (Brause abnehmen).

Um ein Überwuchern zu verhindern, ziehen Sie Minze am besten in großen Tontöpfen (30 cm Durchmesser), die Sie am vorgesehenen Standort so in den Boden setzen, dass der Topfrand 2 cm übersteht.

Pflanzzeitpunkt:
März–April

Ernte:
Mai–Oktober

Gießen:

Krankheiten und Schädlinge:
Keine

Die Ernte

Von Mai bis zum einsetzenden Frost schneidet man die Stängel mindestens 12–15 cm über dem Boden ab. An ihnen sitzen die jüngsten, aromatischsten Blätter.

Nach der Blüte im Juni/Juli die Stängel bis auf 15–20 cm über dem Boden zurückschneiden, um ein erneutes Blattwachstum zu fördern.

Empfehlenswerte Sorten

Für den Hausgebrauch nehmen Sie Pfefferminze und grüne Minze, die am aromatischsten sind.

Vor dem ersten Frost

Ende Oktober oder Anfang November werden alle Stängel bis auf den Boden zurückgeschnitten. Verteilen Sie 2 Schaufeln reifen Kompost über der Pflanze.

Schneiden Sie alle 2–3 Jahre Stecklinge, um die Minze zu verjüngen. Hierfür werden im Frühjahr 15 cm lange Stängel abgeschnitten und zum Bewurzeln in Wasser gestellt. Nach etwa drei Wochen werden die Stecklinge in Töpfe, später ins Freiland gepflanzt.

★

Petersilie

Doldengewächse

Kulturanleitung

Die zweijährige Petersilie bildet im ersten Jahr Blätter aus, im zweiten Jahr Blätter und Blüten und stirbt dann ab. Sie wächst praktisch auf allen Böden, es sei denn, sie sind sehr lehmig oder sehr sauer. Ein wenig Schatten im Sommer empfindet sie als wohltuend.

Aussaat

DIREKT AN ORT UND STELLE

Von März bis August säen Sie in Reihen mit 15–20 cm Zwischenraum. Verteilen Sie die hellen Samen großzügig und gleichmäßig.
Mit Erde bedecken, mit dem Rücken des Rechens andrücken und gut feucht halten, bis, manchmal erst etwa einen Monat später, die ersten Blätter erscheinen.

Weichen Sie die Samen am Abend vor der Aussaat in Wasser (Zimmertemperatur) ein, dann keimen sie schneller.

Aussaatzeitpunkt:
März–August
Keimdauer:
3–4 Wochen
Ernte:
Von Mai bis zu den Frösten
Gießen:

Krankheiten und Schädlinge:
Blattläuse, Krautfäule

Die Ernte

Empfehlenswerte Sorten

'Einfacher Schnitt', 'Gigante d'Italia' (sehr wüchsig), 'Petersilie Grüne Perle', 'Petersilie Mooskrause 2'.

2 ½ Monate nach der Aussaat können Sie ernten: Schneiden Sie die Petersilie bei Bedarf mit dem Messer dicht über dem Boden ab.

Um möglichst lange ernten zu können, sollten Sie ab Ende Oktober ein paar besonders schöne Petersilienpflanzen unter Wachstumsfolie oder einer transparenten Glocke (aus Glas oder Kunststoff) vor Kälte schützen.

★

Rosmarin

Lippenblütler

Kulturanleitung

Der Rosmarin, ein kleiner ausdauernder Strauch, stammt zwar aus dem Mittelmeerraum, ist aber in vielen nördlicheren Gebieten heimisch geworden. Er mag leichte, durchlässige und etwas kalkhaltige Böden. Pflanzen Sie ihn an einen sonnigen Platz.

Schneiden Sie die Pflanze nach der Blüte zurück, um welke Blüten zu entfernen und die Bildung neuer Zweige anzuregen.

Pflanzzeitpunkt:
März–April
September–Oktober
Ernte:
Von März bis zu den Frösten
Gießen:
nicht nötig
Krankheiten und Schädlinge:
Keine

Pflanzen

Kaufen Sie zwischen März und Oktober einen Rosmarin im Anzuchttopf oder in einem kleinen Container. Bereiten Sie ein Pflanzloch vor, das so tief ist, dass der ganze Wurzelballen darin Platz hat.
Der gründlich gewässerte Wurzelballen wird aus dem Topf genommen, oberflächlich gelockert und mitten in das Pflanzloch gesetzt. Mit Gartenerde auffüllen und gut angießen (ohne Brause).

Gießen Sie im ersten Sommer regelmäßig, etwa einmal in der Woche. In den Jahren danach ist das nicht mehr erforderlich.

Die Ernte

Empfehlenswerte Art

Kaufen Sie *Rosmarinus officinalis.*

Ab März bis zu den ersten Frösten können Sie ganz nach Bedarf mit Schere oder Gartenschere Rosmarinzweiglein abschneiden.

Vor dem ersten Frost

In sehr kalten Gegenden häufeln Sie um den Fuß des Rosmarins eine 6–8 cm dicke Laubschicht.

Salbei

Lippenblütler

Kulturanleitung

Der ausdauernde Salbei gedeiht am besten in warmen, leicht kalkhaltigen Böden. Winterliche Feuchtigkeit macht ihn recht kälteempfindlich. Vor allem in nördlichen Gegenden ist der Salbei dankbar für einen warmen, sonnigen Standort.

Im ersten Sommer muss regelmäßig etwa einmal in der Woche gegossen werden. In den folgenden Jahren ist das nicht mehr nötig.

Pflanzzeitpunkt:
März–April
Ernte:
Mai–Oktober
Gießen:
nicht nötig
Krankheiten und Schädlinge:
Keine

Pflanzen

Im März oder April besorgen Sie sich Salbeipflanzen im Anzuchttopf. Vor dem Austopfen wässert man die Pflanzen gründlich. Lockern Sie dann den Wurzelballen mit den Fingern und benutzen Sie beim Pflanzen eine Blumenkelle. Erde fest andrücken und gut angießen (ohne Brause). Zwischen den einzelnen Pflanzen einen Abstand von 30–40 cm lassen.

Schneiden Sie alljährlich im Herbst alle Stängel 12–15 cm über dem Boden ab. Teilen Sie die Pflanze alle 3–4 Jahre im Frühjahr. Entfernen Sie im Sommer verwelkte Blüten.

Die Ernte

Vom Mai bis zu den Frösten schneidet man sich immer Zweigspitzen ab, wenn Sie gerade in der Küche gebraucht werden.

Empfehlenswerte Art

Salvia officinalis

Salvia officinalis **besitzt die besondere Eigenschaft, bestimmte Schädlinge abzuwehren wie z.B. den Kohlweißling.**

Thymian

Lippenblütler

Kulturanleitung

Der Thymian, ein kleiner, in der Steppe heimischer Strauch, ist heute fast überall verbreitet, vorausgesetzt, der Boden ist trocken und warm. Pflanzen Sie Thymian in volle Sonne und vermeiden Sie zu viel Feuchtigkeit.

Im ersten Sommer muss unbedingt regelmäßig etwa einmal wöchentlich gegossen werden, später nicht mehr.

Pflanzzeitpunkt:
März–April
Ernte:
Vom Mai bis zu den Frösten
Gießen:
Nicht nötig
Krankheiten und Schädlinge:
Keine

Pflanzen

Besorgen Sie sich im März oder April Thymianpflanzen im Anzuchttopf. Vor dem Austopfen gründlich wässern. Lockern Sie dann den Wurzelballen und pflanzen Sie den Thymian mithilfe eines Setzholzes. Erde gut festdrücken und (ohne Brause) angießen. Pflanzabstand: 20–30 cm.

Schneiden Sie in jedem Frühjahr alle Zweige 5 cm über dem Boden ab. Um die gleiche Zeit sollten Sie auch alle 3–4 Jahre die Thymianpflanze teilen.

Die Ernte

Empfehlenswerte Sorten

'De Provence', 'D'Hiver', 'Serpolet', 'Ordinaire'.

Vom Mai bis zu den Frösten brechen Sie Zweigspitzen ab, wann immer Sie Thymian verwenden wollen.

Wenn Sie einen Thymianvorrat für den Winter anlegen wollen, schneiden Sie sich Zweige gleich zu Beginn der Blüte. Hängen Sie diese gebündelt kopfüber an einen luftigen, schattigen Platz. Sobald die Zweige getrocknet sind, verwahren Sie sie in dicht schließenden Behältern.

Ysop

Lippenblütler

Kulturanleitung

Der ausdauernde Ysop mag leicht kalkhaltige, sandige Böden, die reich an organischem Material sind. Bei viel Sonne und Wärme gedeiht er prächtig. Ihre blauen, weißen oder rosafarbenen Blüten sind äußerst dekorativ. Ysop schmeckt bitter und pfeffrig und erinnert ein wenig an Rosmarin.

Pflanzen

Im März oder (in Gegenden mit weniger harten Wintern) im September nehmen Sie die Pflanze aus dem Topf, nachdem Sie sie einige Minuten gewässert haben. Lockern Sie den Wurzelballen oberflächlich mit den Fingern und setzen Sie ihn in das Pflanzloch: Der Ballen soll mit dem Boden ringsum abschließen.

Füllen Sie das Pflanzloch mit der ausgegrabenen Erde, unter die Sie eine Hand voll Kompost mischen. Die Erde mit beiden Händen fest um die Pflanze andrücken und reichlich mit der Tülle der Gießkanne gießen. Zur ausreichenden Versorgung genügt 1 Ysoppflanze.

Pflanzzeitpunkt:
März–April
September–Oktober
Ernte:
April–Oktober
Gießen:
nicht nötig
Krankheiten und Schädlinge:
Keine

Die Ernte

Schneiden Sie sich bei Bedarf von April bis zum ersten Frost Ysopzweige, am besten noch vor der Blüte.

Empfehlenswerte Sorten

Alle Sorten sind geeignet.

Den ganzen Sommer über werden voll blühende Zweige geschnitten. Hängen Sie diese gebündelt kopfüber, damit sie schneller trocknen, an einen schattigen, luftigen Ort. In dicht schließenden Behältern aufbewahren.

Vor dem ersten Frost

Ende Oktober alle Zweige 10 cm über dem Boden abschneiden. Bei großer Kälte decken Sie die Pflanze mit Luftkissenfolie ab, die Sie entfernen, sobald das Wetter milder wird.

Alle 3–4 Jahre im März teilt man Ysop: Streifen Sie die Erde von den Wurzeln und schneiden Sie die Pflanze mit dem Messer in 2–3 Stücke, von denen jedes mindestens 4–5 Stielansätze aufweisen soll. Pflanzen Sie die Stücke sofort ein.

Säen oder Pflanzen?

Gemüse	Säen	Pflanzen
Artischocke		●
Aubergine	●	●
Blumenkohl	●	●
Bohnen	●	
Brokkoli	●	●
Chicorée	●	
Chinakohl	●	
Endivie	●	●
Erbsen	●	
Erdbeere		●
Feldsalat	●	
Gartenkresse	●	
Grünkohl	●	●
Japanknolle		●
Karde	●	●
Karotte	●	
Kartoffeln		●
Knoblauch		●
Knollenfenchel	●	●
Kohlrabi	●	
Kohlrübe	●	
Kopfkohl	●	●
Lauch	●	●
Löwenzahn	●	
Mangold	●	
Melone	●	●
Neuseeländischer Spinat	●	
Pastinake	●	
Peperoni/Paprika	●	●
Portulak	●	
Rettich/Radieschen	●	
Rhabarber		●
Rosenkohl	●	●
Rote Bete	●	
Rucola	●	
Salat	●	●

Gemüse	Säen	Pflanzen
Salatgurke/Einmachgurke	●	
Saubohne	●	
Sauerampfer	●	●
Schalotte		●
Schwarzwurzeln/Haferwurzeln	●	
Sellerie	●	●
Spargel		●
Speisekürbis/Kürbisgewächse	●	●
Spinat	●	
Tomate	●	●
Topinambur		●
Zuckermais	●	
Zucchini	●	●
Zwiebel	●	●

Gewürzpflanzen	Säen	Pflanzen
Basilikum	●	●
Bohnenkraut		●
Chinesische Lauchzwiebel	●	●
Dill	●	●
Engelwurz	●	●
Estragon		●
Kerbel	●	
Koriander	●	
Lauchzwiebel/Schnittlauch	●	●
Liebstöckel	●	●
Lorbeer		●
Majoran	●	●
Meerrettich		●
Melisse	●	●
Minze		●
Petersilie	●	●
Rosmarin		●
Salbei		●
Thymian		●
Ysop	●	●

Gute und schlechte Pflanzengemeinschaften*

Gemüse	Verträgliche Nachbarn	Unverträgliche Nachbarn
Artischocke	Saubohne	–
Aubergine	Bohne	–
Bohne	Aubergine, Rote Bete, Karotte, Sellerie, Kohl, Salatgurke, Spinat, Erdbeere, Zuckermais, Kartoffel, Bohnenkraut, Tomate	Knoblauch, Schalotte, Fenchel, Zwiebel, Lauch, Erbse, Tomate
Chicorée	–	–
Endivie	–	–
Erbsen	Karotte, Sellerie, Kohlrabi, Salatgurke, Spinat, Bohne, Zuckermais, Kohlrübe, Kartoffel, Rettich/Radieschen	Knoblauch, Schalotte, Zwiebel, Lauch
Erdbeere	Spinat, Buschbohne, Salat, Thymian, Tomate	Kohl
Feldsalat	Weiße Zwiebel, Lauch	–
Gartenkresse	–	–
Japanknolle	–	–
Karde (Spanische Artischocke)	–	–
Karotte	Knoblauch, Dill, Kohl, Schnittlauch, Chicorée, Lattich, Zwiebel, Lauch, Erbsen Rettich/Radieschen, Blattsalat, Tomate	Minze
Kartoffel	Knoblauch, Blumenkohl, Kopfkohl, Saubohne, Bohne, Zuckermais, Erbse, Rettich	Karotte, Kürbisgewächse, Zwiebel, Tomate
Knoblauch	Rote Bete, Karotte, Erdbeere, Salat, Lauch, Tomate	Kohl, Saubohne, Bohne, Erbse
Knollenfenchel	Salatgurke, Chicorée, Salat	Kohlrabi, Koriander, Schalotte, Bohne, Erbse, Tomate
Kohl	Rote Bete, Sellerie, Gartenkresse, Spinat, Buschbohne, Salat, Minze, Kartoffel, Rosmarin, Salbei	Fenchel, Erdbeere, Zwiebel, Tomate
Kohlrabi	Rote Bete, Spinat, Erdbeere, Lauch, Erbse, Rettich/Radieschen, Tomate	Fenchel, Bohne, Tomate
Kohlrübe, Steckrübe	Erbse, Minze, Rosmarin	–
Lauch	Karotte, Sellerie, Spinat, Erdbeere, Salat, Feldsalat, Zwiebel, Tomate	–
Löwenzahn	–	–
Mangold	–	Lauch
Melone	–	Salatgurke, Kürbisgewächse
Neuseeländischer Spinat	–	–
Pastinake	Zwiebel	–
Peperoni und Paprika	–	–
Portulak	–	–
Rettich/Radieschen	Karotte, Spinat, Erdbeere, Bohne, Salat, Erbse, Tomate	Kerbel, Ysop
Rhabarber	–	–
Rote Bete	Dill, Kohlrabi, Buschbohne, Zwiebel, Bohnenkraut	Spinat
Salat	Dill, Karotte, Blumenkohl, Salatgurke, Kürbisgewächse, Erdbeere, Lauch, Rettich/Radieschen	Sellerie, Petersilie

Salatgurke, Einmachgurke	Dill, Basilikum, Sellerie, Spinat, Fenchel, Buschbohne, Salat, Zuckermais, Zwiebel, Erbsen	Kartoffel, Rettich/Radieschen, Meerrettich, Tomate
Saubohne	Dill, Artischocke, Zuckermais	Knoblauch, Schalotte, Zwiebel
Sauerampfer	–	–
Schalotte	Rote Bete, Erdbeere, Salat	Saubohne, Bohne, Erbse
Schwarzwurzel und Haferwurzel	–	–
Sellerie	Kohl, Spinat, Bohne, Lauch, Erbse, Tomate	–
Spargel	Buschbohne, Petersilie, Lauch, Tomate	–
Speisekürbis (Kürbisgewächse)	Zuckermais, Salat	Salatgurke, Kartoffel
Spinat	Rote Bete, Kohl, Erdbeere, Bohne, Salat, Erbse, Tomate	–
Tomate	Knoblauch, Spargel, Basilikum, Karotte, Sellerie, Gartenkresse, Kohl, Spinat, Feldsalat, Zwiebel, Pastinake, Petersilie, Lauch	Rote Bete, Kohl, Salatgurke, Einmachgurke, Fenchel, Bohne, Kartoffel
Topinambur	–	–
Zucchini	Zuckermais, Salat	Salatgurke, Kartoffel
Zuckermais	Salatgurke, Kürbisgewächse, Saubohne, Lauch, Erbse, Kartoffel	–
Zwiebel	Knoblauch, Dill, Rote Bete, Karotte, Salatgurke, Erdbeere, Salat, Pastinake, Tomate	Kohl, Saubohne, Bohne, Lauch, Erbse
Gewürzpflanzen		
Basilikum	–	–
Bohnenkraut	–	–
Chinesische Lauchzwiebel	–	–
Dill	–	–
Engelwurz	–	–
Estragon	–	–
Kerbel	–	Rettich/Radieschen
Koriander	–	–
Lauchzwiebel und Schnittlauch	Karotte und Salatgurke	–
Liebstöckel (Maggikraut)	–	–
Lorbeer	–	–
Majoran	–	–
Meerrettich	–	–
Melisse	–	–
Minze	–	–
Petersilie	Spargel, Tomate	Salat
Rosmarin	–	–
Salbei	–	–
Thymian	–	–
Ysop	–	–

**Bei manchen Gemüsen und Gewürzpflanzen wurde kein besonderer Einfluss bestimmter Pflanzengemeinschaften aufeinander festgestellt.*

Krankheiten und Schädlinge

Im Folgenden werden die wichtigsten Schädlinge und Krankheiten, die Gemüsepflanzen befallen können, kurz beschrieben. Wir stellen Ihnen die auffälligsten Symptome und die jeweils geeigneten Behandlungsmethoden vor. Da sich Zulassungen von Pflanzenschutzmitteln sehr rasch ändern, sollten Sie sich bei Ihrem Gärtner über die momentan zugelassenen Mittel informieren.

Bakteriose: Oberbegriff für verschiedene, durch Bakterien verursachte Krankheiten.

Blattkäfer: Kleines schwarzes Insekt, das rundliche Löcher in die Blätter bohrt. Blattkäfer greifen alle Kreuzblütler an (z.B. Kohl, Rettich, Kohlrübe), wobei die Schäden an den jungen Pflanzen schlimmer sind. Schützen Sie die Pflanzen, indem Sie bei trockenem Wetter mit feiner Brause gießen.

Blattläuse: Je nach Art aschgraues, grünes oder schwarzes Insekt. Blattläuse legen sich ringförmig um die jungen Triebe und stechen sie, was zu einer Deformation der Blätter und manchmal zum Tod der Pflanze führt. Mittel auf Rapsöl-Basis sind empfehlenswert. Darüber hinaus können einige biologische Brühen ausprobiert werden (z.B. Wermutbrühe). Im Sommer entwickeln sich Läuse an den Wurzeln von Salatpflanzen. Die Jungpflanzen wachsen nur langsam und welken ohne ersichtlichen Grund. Vorbeugend sollten Sie die Salatpflanzen regelmäßig gießen und jedes Jahr einen neuen Standort für sie wählen. Verlauste Pflanzen stets entfernen und schnellstens entsorgen.

Blattrandkäfer: Kleines, graues (3–4 mm langes) Insekt, das die Blattränder von Erbsen und Saubohnen bogenförmig anfrisst. Nur bei starkem Befall leidet die Ernte darunter.

Botrytis (Grauschimmelfäule): Pilzerkrankung, die sich bei starker Feuchtigkeit entwickelt und die befallenen Stellen mit einem grauen filzigen Belag überzieht. Entfernen Sie die kranken Pflanzen oder Pflanzenteile und verbrennen Sie alle Pflanzenabfälle, die auf den Boden gefallen sind. Behandeln Sie die verbleibenden Pflanzen gründlich mit einem Fungizid auf Fenhexamid-Basis.

Brennfleckenkrankheit: Pilzkrankheit, die braune Flecken mit schwarzem Rand verursacht. Die Blattadern verfärben sich erst rot, dann werden sie braun und vertrocknen. Durch Regen- oder Gießwasser wird die Krankheit verbreitet. Verwenden Sie widerstandsfähige Sorten. Die Pflanzen bei den ersten Symptomen herausreißen.

Echter Mehltau: Pilzkrankheit, die praktisch alle Gemüse im Garten befallen kann. Hinweis ist ein weißer pudriger Filzbelag, der erst auf den Blättern, dann auf anderen oberirdischen Teilen der Pflanze auftritt. Einen Befall gegen Ende der Saison brauchen Sie nicht zu behandeln: Reißen Sie einfach die restlichen Pflanzen aus und verbrennen Sie sie, um eine weitere Kontamination zu verhindern. Bei jungen Pflanzen helfen Mittel auf Lecithin-Basis. Bei schwerem Befall ist ein Fungizid auf Azoxystrobin-Basis empfehlenswert.

Erdbeermilbe: Braune Weichhautmilbe, die die jungen Blätter von Erdbeerpflanzen schädigt: Die Blätter zerknittern und werden deformiert. Das Wachstum wird gehemmt. Reißen Sie die kranken Pflanzen aus. Verwenden Sie keine Absenker von kranken Pflanzen, um Ihr Beet zu verjüngen, sondern legen Sie auf jeden Fall ein neues Beet mit garantiert gesunden Erdbeerpflanzen an.

Falscher Mehltau: Diese Pilzkrankheit befällt zahlreiche Gartenpflanzen, vor allem Tomaten, Kartoffeln und Zwiebeln. Der Pilz breitet sich auf der Oberseite der Blätter in Form von gelblichen Flecken aus, die immer größer werden und schließlich das Blatt bis zum Rand bedecken. An der Unterseite befindet sich ein verfilzter grauer, manchmal violett schimmernder Belag. Feuchtigkeit begünstigt das Wachstum des Pilzes. Vorbeugend sollten Sie am Fuß der Pflanzen gießen und darauf achten, die Blätter nicht nass zu machen. Bei sehr feuchtem Wetter behandeln Sie die Pflanzen vorsorglich mit Bordeauxbrühe (Kupferkalkbrühe), bevor Anzeichen von Mehltau sichtbar werden. Reißen Sie befallene Pflanzen aus und verbrennen Sie sie umgehend. Spritzen Sie die benachbarten Pflanzen mit einem Fungizid auf Kupferoxychlorid-Basis.

Fettfleckenkrankheit: Durch Bakterien verursachte Krankheit, die an den Blättern von Bohnen kleine gelbe, fettig aussehende Flecken mit eckigen Rändern hervorruft. Die Blätter vertrocknen schließlich, auf Hülsen und Stängeln breiten sich graue und ölige Flecken aus. Die unaufhaltsame Ansteckung der Blätter geschieht durch Regenwasser oder Gießen. Vorbeugend sollten Sie daher an den Fuß der Pflanzen gießen, ohne die Blätter nass zu machen. Sämtliche kranken Pflanzen müssen schleunigst ausgerissen und verbrannt werden.

Fliegen: Kleine Insekten mit mehreren Arten, die den Gemüsegarten verwüsten können. Jede ist auf eine Pflanzenart oder -familie spezialisiert: die Kohlfliege auf Kreuzblütler, die Karottenfliege auf Karotten, Pastinake und Sellerieknolle (Doldenblütler mit fleischigen Wurzeln), die Zwiebelfliege auf alle Liliengewächse (Lauch, Knoblauch, Zwiebel, Schalotte), die Wurzelfliege auf die jungen Pflanzen. Von April bis September legen die erwachsenen Fliegen ihre Eier in das Herz der Blätter. Die Larve ernährt sich von der Wurzel der jungen Pflanzen, die dann ganz schnell absterben, oder von der anschließend gebildeten Wurzel. Sie ist gegen jede Behandlung resistent. Allenfalls vorbeugend können Sie vor dem Säen ein Insektizid auf der Basis von Carbofuran, Diazinon oder Diethion in den Boden einarbeiten. Kranke Wurzeln niemals an Ort und Stelle stehen lassen (oder auf den Kompost werfen).

Fungizid: Mittel zur Bekämpfung von Pilzkrankheiten.

Fusarium-Welke: Diese Krankheit wird durch einen Bodenpilz (Fusarium) verursacht, der im Gemüsegarten hauptsächlich die Erbsen befällt und das Welken der Pflanze bewirkt. Die Blätter werden gelb und vertrocknen. Reißen Sie die befallenen Pflanzen aus und verbrennen Sie sie. Ziehen Sie an dieser Stelle im laufenden und im folgenden Jahr weder Erbsen noch andere Hülsenfrüchte.

Glomerella cingulata: Bodenpilz, der helle Flecken auf den Blättern von Melonen hervorruft. Das befallene Blatt vertrocknet und stirbt ab. Es gibt keine wirksame Behandlung. Kranke Pflanzen herausreißen und verbrennen.

Grauschimmelfäule: *siehe Botrytis*

Insektizid: Mittel zur Bekämpfung von Insektenbefall an einer Pflanze.

Kartoffelkäfer: Kleines gelbes Insekt mit schwarzen Längsstreifen, das die Blätter von Nachtschattengewächsen – Kartoffeln, Tomaten, Auberginen und Paprika – frisst. Die Larven sind raupenartig, mit schwarz geflecktem rötlichen Körper, und zählen ebenfalls zu den Schädlingen. Behandeln Sie befallene Pflanzen bei den allerersten Blattschäden mit einem pflanzlichen Insektizid auf Rotenon-Basis oder mit einem chemischen Mittel auf Azadirachtin-Basis (z.B. NeemAzal-T/S).

Kohlhernie: Durch einen Bodenpilz verursachte Krankheit, die sich bei Kreuzblütlern mit Welke und Vertrocknen der Blätter äußert. Die Schäden treten an den Wurzeln auf: Sie enthalten die Pilzsporen, deren Lebensgrundlage sie sind. Der Boden bleibt viele Jahre lang kontaminiert, auch wenn Sie darauf keine Kreuzblütler mehr anbauen und vor allem, wenn der Boden sauer und oft sehr nass ist. Verbessern Sie vorbeugend die Drainage und bringen Sie, falls der Boden sauer ist, regelmäßig Kalk ein. Entfernen Sie die befallenen Pflanzen so früh wie möglich, noch bevor die Wurzeln Pilzsporen in den Boden entlassen können.

Kohlweißling: Weißer Schmetterling mit schwarz geränderten Spitzen der Vorderflügel. Es gibt zwei Arten: den Großen und den Kleinen Kohlweißling. Ab April ernähren sich die behaarten gelben, schwarz gezeichneten Raupen des Großen Kohlweißlings von den Außenblättern der Kohlköpfe. Die blassgrünen, samtigen Raupen des Kleinen Kohlweißlings dringen in das Innere des Kohlkopfs ein und fressen sich dort satt. Kontrollieren Sie Ihre Kohlpflanzen und behandeln Sie sie bei den ersten Symptomen mit einem biologischen Präparat aus Bacillus thuringiensis.

Lauchmotte: Von April bis Juli entstehen durch die Larven dieser Motte Fraßgänge in den Blättern von Lauch und Zwiebeln. Zwischen August und Oktober flüchten sich die älteren Raupen in die Stängel des Lauchs und die Knolle der Zwiebel. Sobald erste Symptome (weißliche Flecken) an den Blättern auftreten, mit Rhabarberblätterbrühe behandeln.

Mosaikkrankheit: Viruskrankheit, äußert sich in Form unregelmäßiger, entfärbter Flecken auf den Blättern der Pflanzen. Das Virus kann durch Nematoden im Boden in die Pflanze eingeschleppt werden. Es gibt kein Gegenmittel. Befallene Pflanzen ausreißen und verbrennen.

Raupen: Grüne oder braune Raupen fressen die Blätter von Kohl und Zwiebel. Eine Behandlung ist möglich mit biologischen Präparaten aus *Bacillus thuringiensis*.

Rhizoctonia-Fäulen: Durch einen Pilz ausgelöste Krankheit, die zu dunkelbraunen Flecken auf den Blättern von Kartoffeln und Spargel führt. Nach und nach sterben Blätter und Stängel ab. Die neuen Blätter, die nach dem Anhäufeln erscheinen, sind eingerollt und von hellgrüner Farbe. Oft faulen die Stängel. Im Allgemeinen sind die gepflanzten Knollen von der Krankheit befallen: Vergewissern Sie sich vor dem Pflanzen, dass an den Keimen keine dunklen Pusteln oder dunkelbraune Flecken sitzen. Kranke Pflanzen ausreißen und schleunigst vernichten.

Rost: Durch verschiedene Pilze verursachte Krankheit, die, je nachdem welche Pflanze befallen ist, an der Oberseite der Blätter gelbe, orangefarbene oder braune Flecken hervorruft. An der Unterseite entwickeln sich orangerote Pusteln, die je nach Pflanze ins Braune changieren. Sind die Flecken zahlreich, dann vertrocknen die Blätter und sterben ab. Je früher die Pflanzen kontaminiert werden, desto stärker wird die Ernte beeinträchtigt. Reißen Sie befallene Pflanzen aus, sammeln Sie die vertrockneten Blätter vom Boden auf und verbrennen Sie alles, damit jegliche Ursache einer weiteren Ansteckung ausgeschlossen wird.

Samenkäfer (Erbsenkäfer): Die Larven dieses kleinen Insekts dringen in die Hülsen von Erbsen, Bohnen und Saubohnen ein und entwickeln sich dort. Sobald sie erwachsen sind, fressen sie sich nach draußen, wenn die Hülsen gelagert werden. Für Hobbygärtner gibt es kein Mittel, diesen Parasiten unschädlich zu machen.

Schnellkäfer: Nur die Larve ist für Pflanzen schädlich. Die wegen ihrer Länge und Winzigkeit so genannten Drahtwürmer sind im Boden lebende braun-orangefarbene Larven mit drei Beinpaaren. Zu Beginn der Saison greifen sie die Wurzeln der jungen Sämlinge an, im Sommer dann die fleischigen Wurzeln von Wurzelgemüse. Regelmäßiges Bearbeiten des Bodens verringert die Anzahl der Larven.

Septoria-Blattfleckenkrankheit: Pilzkrankheit bei Sellerie. Zahlreiche kleine hellbraune Flecken überziehen die Blätter, die sehr bald absterben.

Spargelhähnchen, Spargelkäfer: Kleines schwarzes Insekt mit rotem Bauch und gelben Flecken auf dem Rücken. Im Mai legt das erwachsene Tier Eier auf den Blättern und Stängeln des Spargels ab. Die Larven fressen die Blätter und nagen an den Stängeln, die erst gelb, dann braun werden und vertrocknen. Verbrennen Sie am Ende der Saison alles Spargelkraut. Kontrollieren Sie im Mai Ihren Bestand nach Spargelkäfern.

Spinnmilbe: Kleine gelbe Milbe mit zwei dunklen Flecken am Kopf, die an der Unterseite der Blätter von Bohnen und Erdbeerpflanzen saugt. Die Blätter werden blassgrün und fahl. Bei starkem Befall und durch große Hitze begünstigt entstehen spinnwebartige Netze zwischen Blättern und Stängeln. Bei leichtem Befall können Präparate auf Kaliumseife- oder Mineralöl-Basis eingesetzt werden.

Tausendfüßer: Insekt mit langem Körper und zahlreichen Beinen aus der Familie der Myriapoden. Selten ist das Insekt primärer Verursacher von Schäden an gesunden Pflanzen, jedoch verstärkt es solche, die durch Schneckenfraß (z.B. an Kartoffeln oder Erdbeeren) hervorgerufen wurden. Schützen Sie Ihre Pflanzen deshalb vor allem gegen Nackt- und Gehäuseschnecken. Düngen Sie nicht mit organischem Material, wenn diese Schädlinge sich sehr zahlreich im Boden tummeln, denn es fördert ihre Vermehrung.

Umfallkrankheit: Diese Krankheit wird durch mehrere Bodenpilze verursacht, deren Wachstum durch übermäßige Feuchtigkeit begünstigt wird. Die Blätter der jungen Pflänzchen vertrocknen und der Stängelgrund verfault. Die Umfallkrankheit kann sehr schnell auf sämtliche Sämlinge in einer Pflanzschale übergreifen. Desinfizieren Sie die Pflanzschalen vorbeugend mit Brennspiritus. Gießen Sie so zurückhaltend, dass die Erde nur ein bisschen feucht ist. Sie können den Boden mit einem Spezialmittel auf Basis von Hydroxychinolin und Kalium (Fachhandel) behandeln.

Virose: Viruskrankheit. Oft wird das Virus durch den Stich eines infizierten Insekts übertragen. Gegen Viruskrankheiten gibt es kein wirksames Mittel.

Weißer Rost: Diese Krankheit kann Kohlarten befallen. Sie erzeugt weiße Pusteln an der Unterseite der Blätter, die sich verformen, sodass an der Oberseite kleine Krater entstehen. Regnerisches und windiges Wetter begünstigt die Entwicklung der Krankheit. Erkrankte Pflanzen bei den allerersten Symptomen ausreißen und wegwerfen.

Glossar

Absenker: Von manchen Pflanzen (Erdbeere) gebildete, lange, kriechende Ausläufer, an deren Ende sich Blätter bilden. Beim Kontakt mit dem Boden bilden die Absenker Wurzeln, aus denen eine neue Pflanze entstehen kann.

Anzuchtbeet: Windgeschützte und gut erreichbare Stelle im Garten, wo junge Pflanzen kultiviert werden, bevor sie ihren endgültigen Platz erhalten. Um das Keimen der Samen zu fördern, sollte regelmäßig Torf oder Kompost eingebracht werden.

Anzuchttopf: Kleiner Topf aus Kunststoff oder Ton, in den gesät wird oder in den man junge Pflanzen umtopft, bevor man sie in den Gemüsegarten auspflanzt.

Ausdünnen: Ausreißen der Pflänzchen nach zu dichter Saat, wobei man nur die kräftigsten Pflanzen stehen lässt, um deren weitere Entwicklung zu fördern.

Beet: Etwa 1,30 m lange Fläche, auf der nebeneinander, meist in 5–6 parallelen Reihen, Gemüse angebaut wird. Zwischen den Reihen sind schmale, unbebaute gerade Pfade, auf denen der Gärtner leicht an die Pflanzen gelangen kann.

Begrenztes Wachstum: Der Begriff bezeichnet Pflanzen, die genetisch so programmiert sind, dass sie eine bestimmte Größe erreichen. Danach wachsen sie nicht weiter, sondern investieren ihre Kräfte in das Reifen der Früchte und die Samenbildung.

Blattgemüse: Gemüse, das wegen seiner essbaren Blätter (z.B. Salat, Kopfkohl, Grünkohl, Spinat) angebaut wird.

Blattspreite: Der flächige Teil des Blattes zwischen den Blattadern. Die Blattspreite nimmt die Sonnenenergie auf.

Bleichen: Bestimmte Teile einer Pflanze (zumeist die Blätter) werden abgedeckt oder angehäufelt, um weiße Sprosse zu erhalten. Der Lichtentzug reduziert die Blattgrünbildung, die Pflanzenteile werden zarter.

Brutknöllchen, Brutzwiebel: Zwiebel- oder knollenartige, mit Reservestoffen gefüllte Knospen, die sich am Rand der Hauptknolle oder der Hauptzwiebel entwickeln, sich von der Mutterpflanze lösen, bewurzeln und zur neuen Aussaat verwendet werden können.

F1-Hybride: Sehr wüchsige Kreuzungen, die bestimmte Eigenschaften nur in der ersten Generation, also im ersten Aussaatjahr, behalten. Ein Nachbau der Samen ist meistens nicht lohnend.

Frosthart, winterhart: Bezieht sich auf Pflanzen, die an ihrem Standort winterliche Temperaturen vertragen. Eine Pflanze, die Fröste im Norden nicht übersteht, kann in südlichen Gegenden winterhart sein.

Fruchtgemüse: Gemüse, das wegen seiner Früchte (z.B. Tomaten, Gurken, Auberginen, Peperoni, Paprika) oder Kerne (z.B. Saubohnen, Bohnen, Erbsen) angebaut wird.

Frühbeet: Holzkasten mit einem Glas- oder Plexiglasdeckel. Er ist mit guter, nährstoffreicher Erde gefüllt und dient dem Schutz junger oder empfindlicher Pflanzen vor Kälte und Wind.

Keimblätter (Kotyledonen): Die ersten im Samen enthaltenen Blätter. Sie sind meist fleischig, da sie die Nahrungsreserven enthalten. Ihre Form ist anders als die der später von der Pflanze gebildeten Blätter.

Kletterhilfe: Stange, verzweigter Ast oder weitmaschiges Netz aus Kunststoff, dient bestimmten Pflanzen (Stangenbohnen oder Erbsen) als Stütze.

Kühler Boden: Boden, der im Sommer nicht bis in die Tiefe trocken wird und beim Graben ein wenig feucht ist.

Mulchen: Abdecken des Bodens um die Pflanze herum mit leichtem, porösem, luftdurchlässigem Material (Stroh, trockenes Laub, Rindenhäcksel), um sie vor Kälte im Winter zu schützen, ein zu schnelles Austrocknen der Erde im Sommer zu verhindern und um die Ausbreitung von Unkraut einzuschränken.

Nebenwurzeln: Wurzelhaare einer Hauptwurzel großen Durchmessers. Sie nehmen Wasser und Mineralien aus dem Boden auf, um die Pflanze zu ernähren.

Pflanzschale: Flaches Gefäß zum Aussäen von Samen.

Pikieren: Ein- oder mehrmaliges Umpflanzen junger Pflanzen, zur schnelleren Entwicklung und Wurzelbildung. Das erste Pikieren erfolgt bereits, wenn die Keimblätter voll entwickelt sind.

Ranke: Von manchen Kletterpflanzen (Stangenbohnen, Erbsen, Gurken) gebildete kleine Verästelungen, die sich um eine Rankhilfe winden.

Reihenmeter: In der Gärtnersprache Bezeichnung für eine 1 m lange Saat- oder Pflanzreihe.

Rosette: Um den Hauptstängel strahlenförmig angeordnete Blätter. Ihre Ansatzstellen liegen dicht nebeneinander.

Sprossbasis: Der Abschnitt zwischen Stängel und Wurzeln der Pflanze.

Staude: Krautige Pflanze, deren Lebenszyklus viele Jahre umfasst. Die meisten Stauden ziehen im Winter vollständig ein und überdauern unterirdisch als Wurzelstock. Im Frühjahr treiben sie wieder aus.

Treiben: Reifung von Gemüse beschleunigen oder ihre natürliche Erntezeit vorverlegen durch Schutzmaßnahmen gegen Kälte: Frühbeetkasten, Minitreibhaus, Wachstumsfolie, Glocke.

Umtopfen: Aus Samen gezogene junge Pflanzen in einen Anzuchttopf oder in den Garten auspflanzen.

Wachstumsfolie: Nicht gewebte textile Schutzfolie zum Abdecken junger Sämlinge (oder Pflänzchen), um sie gegen Kälte zu schützen und ihr Wachstum zu beschleunigen.

Wurzelgemüse: Gemüse, dessen fleischige Wurzeln verzehrt werden (z.B. Radieschen, Kohlrüben, Sellerieknollen).

Zurichten (Einkürzen): Die Enden von Blättern und Wurzeln junger Pflanzen vor dem Umpflanzen beschneiden. Das Zurichten vermindert das Austreten von Saft in den ersten Tagen nach dem Auspflanzen in den Garten und erleichtert die Entwicklung der Wurzeln.

Register

Bildnachweis

Alle Fotos von C. Hochet/Rustica, außer:
S. 25, 28, 50, 54, 106, 110, 113, 120, 12: P. Asseray/Rustic;
S. 43, 169 (Potager de Grand-papa): F. Boucourt/Rustica;
S. 100, 123: I. Devaux/Rustica;
S. 134, 228, 201, 223, 227: V. Klecka/Rustica (Jardin du Feyel);
S. 208, 210, 214: F. Lamarque/Map;
S. 84, 146, 199: E. Lemoine;
S. 196: V. Maisons/Rustica;
S. 94, 122, 174 (Clos du Coudray): F. Marre/Rustica;
S. 151: N. et P. Mioulane/Map;
S. 68: A. Petzold/Rustica;
S. 169: J.-P. Praderes/Rustica;
S. 97, 152: V. Renaud;
S. 107: P. Sanchez/Rustica;
S. 78, 203: A. Schreiner;
S. 204: F. Strauss/Map;
S. 178: A. Suire/Rustica;
S. 217: J. Verroust/Rustica;
S. 96, 205: M. Viard/Horizon.